财务会计类专业精品课程规划教材

税费计算与申报职业能力训练

（第二版）

● 李 辉 李 赞 程晓鹤 主编

苏州大学出版社
Soochow University Press

图书在版编目(CIP)数据

税费计算与申报职业能力训练／李辉，李赞，程晓鹤主编. －－2版. －－苏州：苏州大学出版社，2024.1(2025.7重印)
ISBN 978-7-5672-4720-8

Ⅰ.①税… Ⅱ.①李… ②李… ③程… Ⅲ.①税费-计算-中国②纳税-税收管理-中国 Ⅳ.①F812.423

中国国家版本馆 CIP 数据核字(2024)第 010835 号

税费计算与申报职业能力训练(第二版)

李 辉 李 赞 程晓鹤 主编

责任编辑 曹晓晴

苏州大学出版社出版发行
(地址：苏州市十梓街1号 邮编：215006)
丹阳兴华印务有限公司印装
(地址：丹阳市胡桥镇 邮编：212313)

开本 787 mm×1 092 mm 1/16 印张 7.75 字数 184 千
2024 年 1 月第 2 版 2025 年 7 月第 5 次印刷
ISBN 978-7-5672-4720-8 定价：29.00 元

若有印装错误，本社负责调换
苏州大学出版社营销部 电话：0512-67481020
苏州大学出版社网址 http://www.sudapress.com
苏州大学出版社邮箱 sdcbs@suda.edu.cn

第二版前言

为配合五年制高等职业教育会计类专业的教与学,让学生更好地认知税费基本知识和基本理论,掌握税费计算与申报的基本技能和基本方法,提升学生的会计职业基本能力和专业素质,我们编写了与江苏省五年制高等职业教育会计类专业精品课程"税费计算与申报"教材配套的《税费计算与申报职业能力训练》。

本教材以江苏联合职业技术学院发布的五年制高等职业教育会计类专业"税费计算与申报"课程标准为依据,对应《税费计算与申报》教材的体例和结构,按照"单项选择题""多项选择题""判断题""实训项目"等题型编写。本教材旨在通过专业认知能力的训练,提高学生掌握税费基本知识和基本理论的专业能力,让学生更好地把握税费基本术语,夯实学生的税收理论基础;通过专业实训项目开展专业应用能力的训练,提升学生税收专业素养和对专业知识的运用能力,让学生熟练掌握税费计算与申报的基本技能和基本方法,提升学生运用专业知识和基本技能解决问题的能力,训练学生的专业综合运用能力和观察、解决问题的能力。

本教材由江苏联合职业技术学院徐州财经分院李辉教授及李赞、程晓鹤老师担任主编,制定编写大纲,设计教材体例,提出编写方案并统稿。具体分工如下:"项目一 企业纳税事务办理"由徐州财经分院王静编写;"项目二 增值税的计算与申报"由徐州财经分院李赞、李辉编写;"项目三 消费税的计算与申报"由徐州财经分院王婕和泰兴分院仇亚琴编写;"项目四 企业所得税的计算与申报"由徐州财经分院杨雅晴和无锡旅游商贸分院金其森编写;"项目五 个人所得税的计算与申报"由徐州财经分院蔡晓方编写;"项目六 其他税种的计算与申报"由徐州财经分院程晓鹤编写。全书由徐州财经分院郑在柏教授主审。

本教材是在江苏联合职业技术学院领导的关心、支持和精心指导下立项编写的。本教材付梓前在徐州财经分院经过了一个学期的教学试用,很多老师提出了宝贵的修改意见。另外,在教材编写过程中,我们也参考了社会上最新的税费计算与申报的教材和习题,在此一并表示衷心感谢。

为配合《税费计算与申报》教材内容的修订,编者在第一版的基础上,依据最新的税收法规与行业要求,对该教材进行了修订:一是对教材中的税收理论知识点和实训项目案例内容进行全面更新,并相应增加财政部、教育部制定的各类职业资格证书制度和"1+X"证书制度的主要内容;二是将教材内容与人才培养要求、行业需求对标,实训项目的设置结合企业在落实新的财经政策、税收政策和会计准则时遇到的各类问题,引领学生对税收知识进行深层次的学习,进一步提升学生的实践应用能力,增强学生的税收服务意识。

　　本教材可供五年制高等职业教育会计类专业学生学习"税费计算与申报"课程时配套使用,也可供职业岗位人员、自学进修人员作为学习《税费计算与申报》教材的配套练习使用。由于时间仓促,编者水平有限,教材中难免有不足之处,望广大同人不吝赐教,在此深表谢意。

编　者

2023 年 9 月 20 日

CONTENTS

目录

项目一　企业纳税事务办理　　001

　　一、单项选择题　　001

　　二、多项选择题　　003

　　三、判断题　　004

项目二　增值税的计算与申报　　006

　　一、单项选择题　　006

　　二、多项选择题　　010

　　三、判断题　　013

　　四、案例分析题　　014

项目三　消费税的计算与申报　　023

　　一、单项选择题　　023

　　二、多项选择题　　025

　　三、判断题　　028

　　四、计算分析题　　028

五、实训题　　042

项目四　企业所得税的计算与申报　　046

　　一、单项选择题　　046

　　二、多项选择题　　049

　　三、判断题　　052

　　四、计算题　　053

　　五、实训题　　091

项目五　个人所得税的计算与申报　　095

　　一、单项选择题　　095

　　二、多项选择题　　098

　　三、判断题　　101

　　四、计算题　　102

　　五、案例分析题　　103

项目六　其他税种的计算与申报　　105

　　一、单项选择题　　105

　　二、多项选择题　　107

　　三、判断题　　109

　　四、计算题　　110

　　五、案例分析题　　112

项目一

企业纳税事务办理

一、单项选择题

1. 税法规定,征税的客观对象是(　　),它表示对什么样的标的物征税。
   A. 纳税义务人　　　　　　　　B. 课税对象
   C. 税目　　　　　　　　　　　D. 税率

2. 我国目前采用超额累进税率的税种为(　　)。
   A. 企业所得税　　　　　　　　B. 外商投资企业和外国企业所得税
   C. 个人所得税　　　　　　　　D. 契税

3. 税收是国家凭借(　　)对社会产品或国民收入进行分配与再分配。
   A. 经济条件　　　　　　　　　B. 生产资料所有权
   C. 股份　　　　　　　　　　　D. 政治权力

4. 下列各项,属于税收权利主体的是(　　)。
   A. 纳税方　　　　　　　　　　B. 征税方
   C. 征纳双方　　　　　　　　　D. 中央政府

5. 在税制的构成要素中,可以区分不同税种的是(　　)。
   A. 纳税人　　　　　　　　　　B. 税率
   C. 征税对象　　　　　　　　　D. 税目

6. 土地增值税采用的税率为(　　)。
   A. 超额累进税率　　　　　　　B. 超率累进税率
   C. 比例税率　　　　　　　　　D. 定额税率

7. 增值税采用的税率为(　　)。
   A. 比例税率　　　　　　　　　B. 定额税率
   C. 超额累进税率　　　　　　　D. 超率累进税率

8. 在税制的构成要素中,体现课税深度的是(　　)。
   A. 纳税期限　　　　　　　　　B. 税率
   C. 纳税对象　　　　　　　　　D. 税目

9. 下列税种,属于流转税的是( )。
    A. 个人所得税 B. 消费税
    C. 资源税 D. 契税

10. 纳税人被工商行政管理机关吊销工商营业执照的,应当自工商营业执照被吊销之日起( )日内,向原税务登记机关申报办理注销税务登记。
    A. 10 B. 15
    C. 30 D. 20

11. 从事生产经营的纳税人未办理工商营业执照,但经有关部门批准设立的,应当自有关部门批准设立之日起( )日内申报办理税务登记。
    A. 10 B. 15
    C. 30 D. 20

12. 纳税人税务登记内容发生变化时,应当自工商行政管理机关变更登记之日起( )日内,持相关证件向原税务登记机关申报办理变更税务登记。
    A. 10 B. 15
    C. 30 D. 45

13. 下列企业变动情形,需要注销税务登记的是( )。
    A. 某企业改变经营范围
    B. 某企业被工商行政管理机关吊销工商营业执照
    C. 某企业由国有制改为股份制
    D. 王某接替张某担任企业法人代表

14. 发票是指单位和个人在购销商品、提供或接受服务及从事其他经营活动过程中,开具、收取的( )凭证。
    A. 收款 B. 付款
    C. 收付款 D. 报销

15. 发票的种类、联次、内容及使用范围由( )规定。
    A. 国家税务总局 B. 财政部
    C. 国务院 D. 财政部主管税务部门

16. 因税务机关的责任造成的未缴或者少缴税款,税务机关可以在( )年内要求纳税人、扣缴义务人补缴税款,但不得加收滞纳金。
    A. 1 B. 2
    C. 3 D. 5

17. 企业所得税的纳税人应当自月份或季度终了之日起( )日内,办理预缴所得税申报。
    A. 5 B. 10
    C. 15 D. 30

二、多项选择题

1. 下列各项,属于税收特征的有( )。
   A. 强制性　　　　　　　　　B. 有偿性
   C. 无偿性　　　　　　　　　D. 固定性

2. 目前,我国的税率表现形式包括( )。
   A. 超额累进税率　　　　　　B. 超率累进税率
   C. 比例税率　　　　　　　　D. 定额税率

3. 税收按管理和使用权限不同,可分为( )。
   A. 中央税　　　　　　　　　B. 价外税
   C. 地方税　　　　　　　　　D. 中央地方共享税

4. 下列税种,属于流转税的有( )。
   A. 增值税　　　　　　　　　B. 资源税
   C. 消费税　　　　　　　　　D. 关税

5. 在我国现行税法体系中,采用累进税率征收的税种有( )。
   A. 土地增值税　　　　　　　B. 个人所得税
   C. 消费税　　　　　　　　　D. 增值税

6. 征税对象又称( )。
   A. 税收权利客体　　　　　　B. 纳税客体
   C. 具体征税项目　　　　　　D. 税目

7. 税务登记的内容包括( )。
   A. 开业登记　　　　　　　　B. 变更登记
   C. 注销登记　　　　　　　　D. 复业登记

8. 注销税务登记的适用范围及时间要求有( )。
   A. 企业因经营期届满而解散
   B. 企业因改组、分立、合并等而被撤销
   C. 企业因资不抵债而破产或终止经营
   D. 纳税人被工商行政管理机关吊销工商营业执照的,应当自工商营业执照被吊销之日起15日内,向原税务登记机关申报办理注销税务登记

9. "多证合一、一照一码"是指将( )标注在工商营业执照上。
   A. 工商营业执照的注册号　　B. 组织机构代码证号
   C. 税务登记证号　　　　　　D. 统计登记证号
   E. 社会保险登记证号

10. "多证合一、一照一码"办证模式采取( )的流程。
    A. 一表申请 B. 一窗受理
    C. 并联审批 D. 一份证照

11. 企业变更税务登记的适用范围包括( )。
    A. 改变纳税人名称、法定代表人的
    B. 改变经济性质或企业类型的
    C. 改变注册资金的
    D. 因住所、经营地点或产权关系变更而涉及改变主管税务机关的

12. 税务机关是发票的主管机关,负责发票( )的管理和监督。
    A. 领购 B. 开具
    C. 取得 D. 保管

13. 发票的基本联次包括( )。
    A. 存根联 B. 发票联
    C. 记账联 D. 报销联

14. 我国目前的纳税申报方式主要有( )。
    A. 邮寄申报 B. 直接申报
    C. 委托申报 D. 数据电文申报

15. 下列各项,属于纳税人税款缴纳方式的有( )。
    A. 自核自缴 B. 定额申报缴纳
    C. 转账缴纳 D. 委托代征缴纳

16. 实行简易申报、简并征期等申报纳税方式的,由税务机关核准申报期限,可以按( )缴纳税款。
    A. 月 B. 季
    C. 半年 D. 年

三、判断题

1. 征税对象又称税目,是税法规定征税的目的物。( )
2. 税收权利客体是指税收法律关系权利、义务所共同指向的对象,即征税对象。( )
3. 纳税义务人是税法规定的直接负有纳税义务的单位。( )
4. 税收是国家通过与纳税人商量且给予其一定补偿而取得财政收入的一种分配形式。( )
5. 累进税率是指按照征税对象数额的大小划分若干等级,并对各等级由低到高规定相应的税率。( )
6. 我国目前增值税采用定额税率。( )

7. 我国的增值税由中央和地方共享。（　）
8. 纳税人被工商行政管理机关吊销工商营业执照的，应当自工商营业执照被吊销之日起30日内，向原税务登记机关申报办理注销税务登记。（　）
9. 开业税务登记的对象包括无须进行工商登记，但又负有纳税义务的单位和个人。（　）
10. 纳税人发生破产需要办理变更税务登记。（　）
11. 《外管证》的有效期限一般为30日，最长不得超过180日。（　）
12. 纳税人的停业期限不得超过6个月。（　）
13. 发票的种类、联次、内容及使用范围由企业自行规定。（　）
14. 发票缴销是指将从税务机关领购的发票交回税务机关查验并作废，用票人在办理变更、注销税务登记时，须办理发票缴销手续。（　）
15. 因纳税人、扣缴义务人计算错误等造成的未缴或者少缴税款，在一般情况下，税务机关的追征期为3年，在特殊情况下，追征期为5年。（　）
16. 纳税人办理纳税申报期限的最后一日，如遇公休、节假日的，可以顺延。（　）
17. 邮寄申报以寄信当天为实际申报日期。（　）

项目二

增值税的计算与申报

一、单项选择题

1. 下列纳税人,不属于增值税一般纳税人的是(　　)。
   A. 年销售额为800万元的从事货物生产的个体经营者
   B. 年销售额为200万元的从事货物批发的其他个人
   C. 年销售额为700万元的从事货物生产的企业
   D. 年销售额为800万元的从事货物批发零售的企业

2. 下列各项,应征收增值税的是(　　)。
   A. 被保险人获得的保险赔付
   B. 房地产主管部门或者其指定机构、公积金管理中心、开发企业及物业管理单位代收的住宅专项维修资金
   C. 银行销售金银
   D. 存款利息

3. 下列各项,不属于生活服务的是(　　)。
   A. 文化体育服务　　　　　　　　B. 教育医疗服务
   C. 餐饮住宿服务　　　　　　　　D. 贷款服务

4. 下列关于租赁服务的表述,不正确的是(　　)。
   A. 将建筑物、构筑物等不动产或者飞机、车辆等有形动产的广告位出租给其他单位或者个人用于发布广告,按经营租赁服务缴纳增值税
   B. 技术转让,按销售服务缴纳增值税
   C. 水路运输的光租业务、航空运输的干租业务,按经营租赁服务缴纳增值税
   D. 车辆停放服务,按不动产经营租赁服务缴纳增值税

5. 下列行为,不属于销售无形资产的是(　　)。
   A. 转让专利权　　　　　　　　　B. 转让建筑永久使用权
   C. 转让网络虚拟道具　　　　　　D. 转让采矿权

6. 根据增值税法律制度的规定,下列行为,不属于视同销售货物征收增值税的是(　　)。

A. 将外购货物分配给投资者
B. 将外购货物用于集体福利
C. 将外购货物无偿赠送他人
D. 将外购货物作为投资提供给个体工商户

7. 按《营业税改征增值税试点实施办法》的规定,企业的下列行为,属于增值税兼营行为的是( )。
   A. 建筑公司为承建的某项工程既提供建筑材料又承担建筑、安装业务
   B. 照相馆在提供照相业务的同时销售相框
   C. 饭店开设客房、餐厅从事服务业务并附设商场销售货物
   D. 饭店提供餐饮服务的同时销售酒水饮料

8. 甲公司为增值税小规模纳税人,专门从事鉴证咨询服务。2023年2月15日,甲公司向一般纳税人提供鉴证服务,取得含增值税收入5万元;2月25日,甲公司向小规模纳税人提供咨询服务,取得含增值税收入3万元。已知增值税征收率为3%,则甲公司当月应缴纳的增值税税额为( )。
   A. (5+3)×3%=0.24(万元)
   B. 5÷(1+3%)×3%≈0.15(万元)
   C. (5+3)÷(1+3%)×3%≈0.23(万元)
   D. (5+3)÷(1-3%)×3%≈0.25(万元)

9. 鸿运广告公司为广告业小规模纳税人,为春日有限责任公司发布产品广告,收取春日有限责任公司广告费20万元。已知增值税征收率为3%,则鸿运广告公司应缴纳增值税( )。
   A. 1.2万元   B. 1万元
   C. 0.58万元   D. 0.6万元

10. 纳税人提供的下列服务,不享受免征增值税优惠政策的是( )。
    A. 婚姻介绍服务   B. 福利彩票的发行收入
    C. 个人销售自建自用住房   D. 非学历教育收取的学费

11. 一般纳税人销售货物可以开具增值税专用发票的是( )。
    A. 零售劳保专用品
    B. 向消费者个人销售货物
    C. 批发计生用品
    D. 二手车经销单位销售非自用二手车

12. 根据增值税法律制度的规定,一般纳税人销售下列货物,适用9%税率的是( )。
    A. 笔记本电脑   B. 化肥
    C. 小汽车   D. 淀粉

13. 甲建筑安装公司为增值税一般纳税人,2023年3月承包本市的一项建筑劳务,收取不含税工程价款6 400万元。另外,甲建筑安装公司购入建筑劳务所需的材料、设备支付不含税价款1 500万元,取得对方开具的增值税专用发票。已知建筑服务适用9%的税率,材

料、设备适用13%的税率,则下列计算甲建筑安装公司当月应缴纳的增值税税额的算式,正确的是(   )。

    A. 6 400×13%-1 500×13%=637(万元)

    B. 6 400×9%=576(万元)

    C. 6 400×9%-1 500×9%=441(万元)

    D. 6 400×9%-1 500×13%=381(万元)

14. 甲公司为增值税一般纳税人,2023年3月进口一批货物,海关审定的关税完税价格为113万元。已知增值税税率为13%,关税税率为10%,则下列计算甲公司当月该笔业务应缴纳的增值税税额的算式,正确的是(   )。

    A. 113÷(1+13%)×13%=13(万元)

    B. 113×(1+10%)÷(1+13%)×13%=14.3(万元)

    C. 113×13%=14.69(万元)

    D. 113×(1+10%)×13%=16.159(万元)

15. 根据增值税法律制度的规定,下列各项,属于"销售不动产"的是(   )。

    A. 转让非专利技术

    B. 转让土地使用权

    C. 转让办公楼时一并转让其所占土地的使用权

    D. 转让域名

16. 根据增值税法律制度的规定,下列各项,应征收增值税的是(   )。

    A. 行政单位收取的符合条件的行政事业性收费

    B. 单位聘用的员工为本单位提供取得工资的服务

    C. 个体工商户为聘用的员工提供服务

    D. 甲运输公司无偿向乙企业提供交通运输服务

17. 某企业为增值税小规模纳税人,2023年3月销售自产货物取得含税收入103 000元,销售自己使用过2年的设备一台,取得含税收入80 000元,当月购入货物取得的增值税专用发票上注明金额为8 000元、税额为1 280元,则该企业当月应缴纳增值税(   )元。

    A. 4 050.1   B. 3 273.4

    C. 3 000   D. 4 553.4

18. 某企业为增值税一般纳税人,2023年3月销售自产电视机10台,开具的增值税专用发票注明价款为30 000元,另外取得购买方支付的违约金2 260元。已知增值税税率为13%,则该企业当月应缴纳增值税(   )元。

    A. 4 193.8   B. 3 900

    C. 4 160   D. 3 711.33

19. 甲商店为增值税一般纳税人,有金银销售资质,2023年3月销售金项链100条,其中有50条属于直接销售,另外50条采用以旧换新方式销售,已知每条新项链的含税销售价格为2 260元,收取的每条旧项链作价1 130元,则甲商店销售金项链业务相应的增值税销项税额为(   )元。(已知增值税税率为13%)

A. 20 345 B. 22 035
C. 19 500 D. 29 380

20. 甲企业为增值税一般纳税人,2023年3月销售空调取得含增值税价款610.2万元,另收取包装物押金5.65万元,约定3个月内返还,当月确认逾期不予退还的包装物押金为11.3万元。已知增值税税率为13%,则下列计算甲企业当月上述业务增值税销项税额的算式,正确的是( )。

A. (610.2+11.3)÷(1+13%)×13%=71.5(万元)
B. (610.2+5.65+11.3)÷(1+13%)×13%=72.15(万元)
C. (610.2+5.65+11.3)×13%=81.529 5(万元)
D. (610.2+11.3)×13%=80.795(万元)

21. 某食品厂为增值税一般纳税人,2023年3月将上月外购的副食品用于集体福利,该批外购副食品在购进时已经抵扣了进项税额,账面成本为10 000元(其中含运费2 000元)。已知副食品的增值税税率为13%,运费的增值税税率为9%,则该食品厂2023年3月应转出的进项税额为( )元。

A. 1 100.35 B. 1 220
C. 1 085.49 D. 1 300

22. 根据增值税法律制度的规定,下列行为,属于视同销售货物行为的是( )。
A. 乙超市将外购的牙刷作为集体福利发给员工
B. 甲商贸公司将外购的白酒用于交际应酬
C. 丁服装厂将外购的纽扣用于生产服装
D. 丙玩具厂将自产的玩具无偿赠送福利院

23. 某广播影视公司为增值税一般纳税人,2023年3月提供广告设计服务取得不含税销售额80万元,提供广告发布服务取得不含税销售额250万元。当月接受国内旅客运输服务,取得注明旅客身份信息的航空运输电子客票行程单,注明票价和燃油附加费共计20万元。已知文化创意服务的增值税税率为6%,航空旅客运输进项税额按照9%计算抵扣,则该广播影视公司2023年3月应缴纳增值税( )万元。

A. 17.03 B. 16.95
C. 18.15 D. 19.35

24. 长春某银行为增值税一般纳税人,2023年3月提供贷款服务,取得利息收入100万元;转让金融商品,买入价为100万元,卖出价为120万元。已知上述金额均为不含增值税的金额,金融服务的增值税税率为6%,则该银行当月的销项税额为( )万元。

A. 15.5 B. 12.86
C. 7.2 D. 25.54

25. A型洗衣机生产企业是增值税一般纳税人,2023年3月向某商场销售1 000台A型洗衣机,出厂不含增值税单价为3 500元/台。由于商场采购量大,给予其9%的商业折扣,并将销售额和折扣额在同一张发票的金额栏分别注明。已知增值税税率为13%,则下列计算A型洗衣机生产企业当月该笔业务增值税销项税额的算式,正确的是( )。

A. 3 500×1 000×13%=455 000(元)

B. 3 500×1 000×(1-9%)×13%=414 050(元)

C. 3 500×1 000×(1-9%)÷(1+13%)×13%≈366 415.93(元)

D. 3 500×1 000÷(1+13%)×13%≈402 654.87(元)

26. 甲企业为增值税一般纳税人,2023年3月购进一批生产免税产品和应税产品的原材料,取得增值税专用发票,注明价款为100万元、税额为13万元。当月免税产品的销售额为100万元,应税产品的不含税销售额为200万元,则甲企业当月可以抵扣的进项税额为(   )万元。

  A. 4.33   B. 6.5   C. 8.67   D. 13

27. 甲企业为增值税一般纳税人,2023年3月将原用于职工食堂的发电设备改用于生产车间,该发电设备的原值为100万元,已经计提折旧30万元。已知该发电设备有合法的增值税扣税凭证,增值税税率为13%,则甲企业就此设备可以抵扣的进项税额为(   )万元。

  A. 8.05   B. 13.79   C. 11.2   D. 13

28. 甲企业为增值税一般纳税人,2023年3月将1年前购进的一台生产用设备(已经抵扣进项税额)改用于职工食堂,该设备的原值为50万元,已经计提折旧5万元。已知增值税税率为13%,则甲企业当期不得抵扣的进项税额为(   )万元。

  A. 0.8   B. 8   C. 5.85   D. 13

29. 甲企业为增值税一般纳税人,2023年3月1日租入一房屋,租期为6个月,一次性支付租金并取得增值税专用发票,增值税专用发票上注明金额为109万元、税额为9万元。甲企业将该房屋的一半用作生产车间,另一半用作职工食堂,则甲企业当月可以抵扣的进项税额为(   )万元。

  A. 9   B. 5.4   C. 4.5   D. 3.6

二、多项选择题

1. 下列各项,属于营业税改征增值税范围的现代服务的有(   )。

  A. 研发和技术服务   B. 文化创意服务

  C. 基础电信服务   D. 广播影视服务

2. 根据增值税法律制度的规定,纳税人提供的下列应税服务,适用增值税零税率的有(   )。

  A. 在境内载运旅客或货物出境服务

  B. 国际货物运输代理服务

  C. 在境外提供的研发服务

  D. 在境外提供的广播影视节目的播映服务

3. 根据增值税法律制度的规定,企业发生的下列行为,属于视同销售货物行为的有

(　　)。
    A. 将自产的货物分配给投资者
    B. 将货物交付他人代销
    C. 将委托加工收回的货物用于集体福利
    D. 将购进的货物用于个人消费
  4. 根据增值税法律制度的规定,一般纳税人的下列进项税额,准予从销项税额中扣除的有(　　)。
    A. 餐饮服务   B. 广告服务
    C. 贷款服务   D. 住宿服务
  5. 根据增值税法律制度的规定,下列各项,应按照"金融服务"税目计算缴纳增值税的有(　　)。
    A. 转让有价证券   B. 融资性售后回租
    C. 资金结算   D. 人身保险服务
  6. 根据增值税法律制度的规定,下列情形,不属于在境内销售的有(　　)。
    A. 境外单位向境内单位销售完全在境外发生的服务
    B. 境外单位向境内单位销售完全在境外使用的无形资产
    C. 境外单位向境内单位出租完全在境外使用的有形动产
    D. 境外个人向境内个人销售完全在境外使用的无形资产
  7. 根据增值税法律制度的规定,下列各项,属于"交通运输服务"的有(　　)。
    A. 出租车公司向使用本公司自有出租车的出租车司机收取的管理费用
    B. 水路运输的程租、期租业务
    C. 航空运输的湿租业务
    D. 无运输工具承运业务
  8. 根据增值税法律制度的规定,下列各项,属于"租赁服务——不动产租赁服务"的有(　　)。
    A. 融资性售后回租   B. 车辆停放服务
    C. 道路通行服务   D. 飞机、车辆等有形动产的广告位出租
  9. 根据增值税法律制度的规定,下列关于纳税人购进国内旅客运输服务的说法,正确的有(　　)。
    A. 取得增值税电子普通发票的,不得抵扣进项税额
    B. 取得注明旅客身份信息的航空运输电子客票行程单的,进项税额=(票价+燃油附加费)÷(1+9%)×9%
    C. 取得注明旅客身份信息的铁路车票的,进项税额=票面金额÷(1+9%)×9%
    D. 取得注明旅客身份信息的公路客票的,进项税额=票面金额÷(1+3%)×3%
  10. 根据增值税法律制度的规定,下列各项,属于邮政服务的有(　　)。
    A. 邮票发行   B. 邮政汇兑   C. 邮品销售   D. 收派服务
  11. 根据增值税法律制度的规定,下列关于纳税人发生兼营行为但未分别核算销售额

的处理,正确的有(　　)。

　　A. 纳税人兼有不同税率的销售货物、劳务、服务、无形资产或者不动产,从高适用税率

　　B. 纳税人兼有不同征收率的销售货物、劳务、服务、无形资产或者不动产,从高适用征收率

　　C. 纳税人兼有不同税率和征收率的销售货物、劳务、服务、无形资产或者不动产,从高适用税率

　　D. 纳税人兼有不同税率和征收率的销售货物、劳务、服务、无形资产或者不动产,从高适用征收率

12. 根据增值税法律制度的规定,下列各项,一般纳税人在计算增值税销项税额时应并入销售额的有(　　)。

　　A. 销售货物价外向购买方收取的赔偿金

　　B. 销售货物价外向购买方收取的储备费

　　C. 销售货物的同时代办保险而向购买方收取的保险费

　　D. 受托加工应征消费税的消费品所代收代缴的消费税

13. 根据增值税法律制度的规定,一般纳税人发生的下列行为,不得抵扣进项税额的有(　　)。

　　A. 非正常损失的不动产所耗用的设计服务

　　B. 购进的贷款服务

　　C. 购进的居民日常服务

　　D. 购进的餐饮服务

14. 根据增值税法律制度的规定,下列各项,可以作为增值税扣税凭证的有(　　)。

　　A. 税控机动车销售统一发票　　　　B. 海关进口增值税专用缴款书

　　C. 符合规定的国内旅客运输发票　　D. 增值税普通发票

15. 根据增值税法律制度的规定,境内企业提供的下列服务,适用增值税零税率的有(　　)。

　　A. 国际运输服务

　　B. 航天运输服务

　　C. 向境内单位提供技术开发服务

　　D. 向境外单位提供完全在境外消费的软件服务

16. 根据增值税法律制度的规定,一般纳税人发生的下列应税行为,可以选择适用简易计税办法的有(　　)。

　　A. 公共交通运输服务

　　B. 文化体育服务

　　C. 典当业销售死当物品

　　D. 销售商品混凝土(仅限于以水泥为原料生产的水泥混凝土)

17. 根据增值税法律制度的规定,下列各项,适用3%征收率减按2%征收增值税的有

( )。
A. 一般纳税人销售自己使用过的购入时不得抵扣且未抵扣进项税额的固定资产
B. 小规模纳税人销售自己使用过的固定资产
C. 纳税人销售旧货
D. 小规模纳税人销售货物

18. 根据增值税法律制度的规定,下列各项,免征增值税的有( )。
A. 学生勤工俭学提供的服务 B. 提供社区养老服务
C. 个人销售自建自用住房 D. 外国企业无偿援助的进口物资

19. 根据增值税法律制度的规定,下列情形,不得开具增值税专用发票的有( )。
A. 商业企业一般纳税人零售烟酒
B. 一般纳税人企业转让金融商品
C. 一般纳税人企业销售避孕药品
D. 小规模纳税人向一般纳税人销售无形资产

20. 根据增值税法律制度的规定,下列关于增值税纳税义务发生时间的表述,正确的有( )。
A. 纳税人发生应税销售行为的,为收讫销售款项或者取得索取销售款项凭据的当天
B. 纳税人采用预收款方式提供租赁服务的,为租期届满的当天
C. 纳税人采用托收承付和委托银行收款方式销售货物的,为收到银行款项的当天
D. 纳税人从事金融商品转让的,为金融商品所有权转移的当天

21. 根据增值税法律制度的规定,下列销售行为,以差额计税确定销售额的有( )。
A. 甲建材公司提供建筑服务,使用简易计税办法的
B. 旅游公司提供旅游服务,选择以差额计税的
C. 金融商品转让
D. 房地产开发企业中的一般纳税人销售其开发的房地产项目(选择简易计税办法的房地产老项目除外)

22. 下列业务,增值税一般纳税人可以选择适用简易计税办法缴纳增值税的有( )。
A. 影视公司的电影放映服务 B. 文化体育服务
C. 家具厂销售家具 D. 装修公司提供安装服务

三、判断题

1. 张三于2023年3月出售自有房屋一套,售价880万元,由于销售服务、无形资产或不动产的年应税销售额超过500万元,因此张三应被认定为一般纳税人。( )

2. 个人提供应税服务的销售额未达到增值税起征点的,免征增值税;达到增值税起征点的,就超过部分计算缴纳增值税。( )

3. 增值税扣缴义务发生时间为纳税人增值税纳税义务发生的当天。（ ）
4. 固定业户应当向其机构所在地的税务机关申报缴纳增值税。（ ）
5. 会计核算不健全,不能向税务机关准确提供增值税销项税额、进项税额及应纳税额数据的增值税一般纳税人,不得领购开具增值税专用发票。（ ）
6. 纳税人自产自用的应税消费品,用于连续生产应税消费品的,不纳税;用于其他方面的,于移送使用时纳税。（ ）
7. 单位或者个体工商户向其他单位或者个人无偿提供服务,视同销售应税服务,征收增值税,但以公益活动为目的或者以社会公众为对象的除外。（ ）
8. 纳税人提供劳务派遣服务,选择差额纳税的,按照5%的征收率计算缴纳增值税。
（ ）
9. 起征点是对纳税对象中的一部分给予减免,只就减除后的剩余部分计征税款。（ ）
10. 增值税小规模纳税人标准为年应征增值税销售额500万元及以下。（ ）
11. 固定电话、有线电视、宽带、水、电、燃气、暖气等经营者向用户收取的安装费、初装费、开户费、扩容费及类似收费,按照安装服务缴纳增值税。（ ）
12. 将自产、委托加工或者购进的货物无偿赠送其他单位或个人视同销售,但用于公益事业或者以社会公众为对象的除外。（ ）
13. 无运输工具承运业务,按照租赁服务缴纳增值税。（ ）
14. 纳税人提供旅游服务可以选择以取得的全部价款和价外费用,扣除向旅游服务购买方收取并支付给其他单位或者个人的住宿费、餐饮费、交通费、签证费、门票费和支付给其他接团旅游企业的旅游费用后的余额为销售额。（ ）
15. 境外单位或者个人在境内销售劳务,在境内未设有经营机构也没有境内代理人的,以购买方为增值税扣缴义务人。（ ）
16. 纳税人接受贷款服务向贷款方支付的与该笔贷款直接相关的投融资顾问费、手续费、咨询费等费用,其进项税额可以按规定从销项税额中抵扣。（ ）
17. 纳税人兼营免税、减税项目,未分别核算免税、减税项目的销售额的,由税务机关核定其免税、减税项目的销售额,就核定金额免税或者减税。（ ）
18. 转登记日前连续12个月或者连续4个季度累计销售额未超过300万元的一般纳税人,在2019年12月31日前,可选择转登记为小规模纳税人。（ ）
19. 纳税人发生视同销售服务、无形资产或者不动产情形的,其纳税义务发生时间为服务、无形资产转让完成的当天或者不动产权属变更的当天。（ ）
20. 张某将一处位于北京的购买3年的非普通住房对外销售,免征增值税。（ ）

四、案例分析题

1. 企业概况

（1）企业名称:江苏申红纺织集团有限责任公司。

（2）企业性质：国有企业（增值税一般纳税人）。

（3）法定代表人：沈向民。

（4）企业地址及电话：江苏省南京市向阳路283号，025-65372982。

（5）开户银行及账号：工商银行向阳分理处，0809211401100704895。

（6）纳税人识别号：320300514524141089。

2. 基本业务

该公司纳税期限为1个月，且取得的增值税扣税凭证均在本期申报抵扣。2023年1月发生以下经济业务：

（1）1日，向农民购进棉花一批，支付款项21万元。

（2）3日，销售布匹一批，开出增值税专用发票，不含税售价为32.3万元，另外，代购货单位垫付运输费1 090元，当日发货并办妥托收承付手续。

（3）4日，办公室购入办公用品一批，取得的普通发票上注明价款为904元，款项用现金支付。

（4）6日，向某厂销售原材料A级皮棉2吨，共取得不含税销售收入35 000元，开出增值税专用发票，销售款项于当日存入银行。

（5）13日，职工医院领用库存布匹50米做医务床单和被罩，当月"库存商品——布匹"账户单位成本为2.9元/米，出厂价为3.5元/米。

（6）15日，缴纳上月未缴增值税84 700元、城市维护建设税5 929元、教育费附加2 541元、地方教育附加847元。

（7）17日，外购材料7吨，不含税价款为27 200元/吨，取得增值税专用发票。货物已验收入库，货款已通过银行转账支付。

（8）23日，将自产的一批细布作为福利发给职工，已知同类产品的不含税售价为5 000元，成本为4 200元。

（9）24日，出售已用过的纺纱机5台，取得不含税收入12.5万元，该批纺纱机原价35万元，系2008年以前购入，已提折旧20万元，开出增值税专用发票，采用简易计税办法。

（10）28日，将自产的粗布1 500米（单位成本2元/米，出厂价2.4元/米）捐赠给灾区。

3. 要求

（1）计算该公司应缴纳的增值税税额。

（2）填制增值税及附加税费申报表。

附表一

增值税及附加税费申报表附列资料（一）
（本期销售情况明细）

纳税人名称：（公章）　　　税款所属时间：　年　月　日至　年　月　日　　金额单位：元（列至角分）

项目及栏次			开具增值税专用发票		开具其他发票		未开具发票		纳税检查调整		合计		价税合计	服务、不动产和无形资产扣除项目本期实际扣除金额	扣除后	
			销售额	销项（应纳）税额	销售额	销项（应纳）税额	销售额	销项（应纳）税额	销售额	销项（应纳）税额	销售额	销项（应纳）税额			含税（免税）销售额	销项（应纳）税额
			1	2	3	4	5	6	7	8	9=1+3+5+7	10=2+4+6+8	11=9+10	12	13=11-12	14=13÷(100%+税率或征收率)×税率或征收率
一、一般计税方法计税	全部征税项目	13%税率的货物及加工修理修配劳务	1													
		13%税率的服务、不动产和无形资产	2													
		9%税率的货物及加工修理修配劳务	3													
		9%税率的服务、不动产和无形资产	4													
		6%税率	5			—	—	—	—	—	—					
	其中：即征即退项目	即征即退货物及加工修理修配劳务	6			—	—	—	—	—	—				—	
		即征即退服务、不动产和无形资产	7			—	—	—	—	—	—				—	
二、简易计税方法计税	全部征税项目	6%征收率	8													
		5%征收率的货物及加工修理修配劳务	9a													
		5%征收率的服务、不动产和无形资产	9b													
		4%征收率	10												—	
		3%征收率的货物及加工修理修配劳务	11												—	

续表

项目及栏次		开具增值税专用发票		开具其他发票		未开具发票		纳税检查调整		合计			服务、不动产和无形资产扣除项目本期实际扣除金额	扣除后	
		销售额	销项(应纳)税额	销售额	销项(应纳)税额	销售额	销项(应纳)税额	销售额	销项(应纳)税额	销售额	销项(应纳)税额	价税合计		含税(免税)销售额	销项(应纳)税额
		1	2	3	4	5	6	7	8	9=1+3+5+7	10=2+4+6+8	11=9+10	12	13=11-12	14=13÷(100%+税率或征收率)×税率或征收率
二、简易计税方法计税	全部征税项目	3%征收率的服务、不动产和无形资产 12													
		预征率 % 13a													
		预征率 % 13b													
		预征率 % 13c													
	其中:即征即退项目	即征即退货物及加工修理修配劳务 14	—	—											
		即征即退服务、不动产和无形资产 15	—	—											
三、免抵退税	货物及加工修理修配劳务 16		—	—		—	—		—	—		—	—	—	—
	服务、不动产和无形资产 17		—	—		—	—		—	—		—	—	—	—
四、免税	货物及加工修理修配劳务 18		—	—		—	—		—	—		—	—	—	—
	服务、不动产和无形资产 19		—	—		—	—		—	—		—	—	—	—

附表二 增值税及附加税费申报表附列资料（二）

（本期进项税额明细）

税款所属时间：　　年　月　日至　　年　月　日

纳税人名称：（公章）　　　　　　　　　　　　　　　金额单位：元（列至角分）

一、申报抵扣的进项税额				
项目	栏次	份数	金额	税额
（一）认证相符的增值税专用发票	1=2+3			
其中：本期认证相符且本期申报抵扣	2			
前期认证相符且本期申报抵扣	3			
（二）其他扣税凭证	4=5+6+7+8a+8b			
其中：海关进口增值税专用缴款书	5			
农产品收购发票或者销售发票	6			
代扣代缴税收缴款凭证	7			—
加计扣除农产品进项税额	8a		—	—
其他	8b			
（三）本期用于购建不动产的扣税凭证	9			
（四）本期用于抵扣的旅客运输服务扣税凭证	10			
（五）外贸企业进项税额抵扣证明	11		—	—
当期申报抵扣进项税额合计	12=1+4+11			

二、进项税额转出额		
项目	栏次	税额
本期进项税额转出额	13=14至23之和	
其中：免税项目用	14	
集体福利、个人消费	15	
非正常损失	16	
简易计税方法征税项目用	17	
免抵退税办法不得抵扣的进项税额	18	
纳税检查调减进项税额	19	
红字专用发票信息表注明的进项税额	20	
上期留抵税额抵减欠税	21	
上期留抵税额退税	22	
异常凭证转出进项税额	23a	

续表

项目	栏次	税额
其他应作进项税额转出的情形	23b	

三、待抵扣进项税额

项目	栏次	份数	金额	税额
（一）认证相符的增值税专用发票	24	—	—	—
期初已认证相符但未申报抵扣	25			
本期认证相符且本期未申报抵扣	26			
期末已认证相符但未申报抵扣	27			
其中：按照税法规定不允许抵扣	28			
（二）其他扣税凭证	29＝30至33之和			
其中：海关进口增值税专用缴款书	30			
农产品收购发票或者销售发票	31			
代扣代缴税收缴款凭证	32		—	
其他	33			
	34			

四、其他

项目	栏次	份数	金额	税额
本期认证相符的增值税专用发票	35			
代扣代缴税额	36	—	—	

附表三

增值税及附加税费申报表附列资料(五)
(附加税费情况表)

纳税人名称:(公章)　　　　税(费)款所属时间: 　年　月　日至　年　月　日　　　　金额单位:元(列至角分)

税(费)种		计税(费)依据			税(费)率(%)	本期应纳税(费)额	本期减免税(费)额			试点建设培育产教融合型企业			本期已缴税(费)额	本期应补(退)税(费)额
		增值税税额	增值税免抵税额	留抵退税本期扣除额			减免性质代码	减免税(费)额		减免性质代码	本期抵免金额			
		1	2	3	4	5=(1+2-3)×4	6	7		8	9		10	11=5-7-9-10
城市维护建设税	1				7%									
教育费附加	2				3%					—	—			
地方教育附加	3				2%		—	—		—	—			
合计	4	—	—	—	—									

本期是否适用试点建设培育产教融合型企业抵免政策	□是 □否		
可用于扣除的增值税留抵退税额使用情况	当期新增投资额		5
	上期留抵可抵免金额		6
	结转下期可抵免金额		7
	当期新增可用于扣除的留抵退税额		8
	上期结存可用于扣除的留抵退税额		9
	结转下期可用于扣除的留抵退税额		10

主表

增值税及附加税费申报表

（一般纳税人适用）

根据国家税收法律法规及增值税相关规定制定本表。纳税人不论有无销售额，均应按税务机关核定的纳税期限填写本表，并向当地税务机关申报。

税款所属时间：自 年 月 日 至 年 月 日　　填表日期： 年 月 日　　金额单位：元（列至角分）

纳税人识别号（统一社会信用代码）：

纳税人名称		法定代表人姓名		注册地址		生产经营地址			
开户银行及账号				登记注册类型				电话号码	

		栏次	一般项目		即征即退项目	
			本月数	本年累计	本月数	本年累计
销售额	（一）按适用税率计税销售额	1				
	其中：应税货物销售额	2				
	应税劳务销售额	3				
	纳税检查调整的销售额	4				
	（二）按简易办法计税销售额	5				
	其中：纳税检查调整的销售额	6				
	（三）免、抵、退办法出口销售额	7			—	—
	（四）免税销售额	8			—	—
	其中：免税货物销售额	9			—	—
	免税劳务销售额	10			—	—
税款计算	销项税额	11				
	进项税额	12				
	上期留抵税额	13				
	进项税额转出	14				
	免、抵、退应退税额	15			—	—
	按适用税率计算的纳税检查应补缴税额	16			—	—
	应抵扣税额合计	17=12+13-14-15+16				
	实际抵扣税额	18（如17＜11，则为17,否则为11）				
	应纳税额	19=11-18				

续表

	项目	栏次	一般项目 本月数	一般项目 本年累计	即征即退项目 本月数	即征即退项目 本年累计
税款计算	期末留抵税额	20=17-18			—	—
	简易计税办法计算的应纳税额	21				—
	按简易计税办法计算的纳税检查应补缴税额	22				—
	应纳税额减征额	23				—
	应纳税额合计	24=19+21-23				—
税款缴纳	期初未缴税额（多缴为负数）	25				—
	实收出口开具专用缴款书退税额	26				—
	本期已缴税额	27=28+29+30+31				—
	①分次预缴税额	28		—		—
	②出口开具专用缴款书预缴税额	29		—		—
	③本期缴纳上期应纳税额	30		—		—
	④本期缴纳欠缴税额	31		—		—
	期末未缴税额（多缴为负数）	32=24+25+26-27				—
	其中：欠缴税额（≥0）	33=25+26-27				—
	本期应补（退）税额	34=24-28-29				—
	即征即退实际退税额	35	—			
	期初未缴查补税额	36				—
	本期入库查补税额	37				—
	期末未缴查补税额	38=16+22+36-37				—
附加税费	城市维护建设税本期应补（退）税额	39				—
	教育费附加本期应补（退）费额	40				—
	地方教育附加本期应补（退）费额	41				—

声明：此表是根据国家税收法律法规及相关规定填写的，本人（单位）对填报内容（及附带资料）的真实性、可靠性、完整性负责。

纳税人（签章）：

年　月　日

经办人：
经办人身份证号：
代理机构签章：
代理机构统一社会信用代码：

受理人：	
受理税务机关（章）：	
受理日期：	年　月　日

项目三

消费税的计算与申报

一、单项选择题

1. 下列关于消费税计税销售额的说法,正确的是(　　)。
   A. 含消费税且含增值税的销售额
   B. 含消费税而不含增值税的销售额
   C. 不含消费税而含增值税的销售额
   D. 不含消费税也不含增值税的销售额

2. 下列说法,不正确的是(　　)。
   A. 果汁啤酒应该按照啤酒税目征收消费税
   B. 游艇不征收消费税
   C. 卡丁车不征收消费税
   D. 高尔夫球杆的杆头需要征收消费税

3. 下列各项,按照小汽车税目征收消费税的是(　　)。
   A. 超豪华小汽车   B. 电动汽车
   C. 沙滩车   D. 大客车

4. 下列各项,采用从量定额方式计征消费税的是(　　)。
   A. 白酒   B. 葡萄酒   C. 卷烟   D. 黄酒

5. 下列情况,应征收消费税的是(　　)。
   A. 烟厂收回已税委托加工的烟丝直接销售
   B. 商场外购已税珠宝加工成金银首饰后销售
   C. 收回税后的委托加工实木地板用于职工福利
   D. 收回税后的委托加工粮食白酒直接销售

6. 下列情况,应视同销售缴纳消费税的是(　　)。
   A. 将外购的已税消费品继续加工成应税消费品
   B. 将委托加工的应税消费品继续加工成应税消费品
   C. 自制应税消费品继续加工成应税消费品
   D. 自制应税消费品用于对外投资

7. 用于抵偿债务的卷烟,应该以( )为计税依据,计征消费税。
   A. 同类商品的平均价格　　　　　　B. 同类商品的最低价格
   C. 同类商品的最高价格　　　　　　D. 税务机关估定的价格

8. 某化妆品公司将一批自产的高档化妆品发放给职工,无该类产品的市场价格。该批高档化妆品的成本为 6 000 元,成本利润率是 5%,则该项业务应缴纳的消费税税额为( )元。
   A. 900　　　　　　　　　　　　　B. 945
   C. 1 111.76　　　　　　　　　　D. 821.74

9. 某啤酒厂为增值税一般纳税人,2023 年 5 月将 20 吨 A 型啤酒销售给某副食品公司,开具的税控专用发票上注明价款为 58 000 元,收取包装物押金 3 000 元,该啤酒厂应缴纳的消费税税额为( )。
   A. 3 000 元　　　B. 5 000 元　　　C. 4 400 元　　　D. 6 000 元

10. 某小轿车生产企业为增值税一般纳税人,2023 年 5 月生产并销售小轿车 300 辆,每辆含税销售价格为 16.95 万元,适用的消费税税率是 9%,该小轿车生产企业 5 月份应缴纳消费税( )。
    A. 395 万元　　　　　　　　　　B. 405 万元
    C. 457.65 万元　　　　　　　　D. 205.5 万元

11. 委托加工的消费品在收回时,受托方无同类消费品价格,委托方应缴纳消费税的组成计税价格为( )。
    A. (材料成本+加工费)÷(1-消费税税率)
    B. (成本+利润)÷(1-消费税税率)
    C. (成本+利润)÷(1+消费税税率)
    D. (材料成本+加工费)÷(1+消费税税率)

12. 2023 年 3 月,甲药酒厂生产药酒 240 吨,销售药酒 140 吨,取得不含增值税销售额 1 000 万元、增值税税额 130 万元。甲药酒厂当月销售药酒应缴纳消费税的计税依据为( )。
    A. 1 000 万元　　　　　　　　　B. 1 130 万元
    C. 240 吨　　　　　　　　　　　D. 140 吨

13. 甲建材商城将一批成本为 18 000 元的原木送往乙实木地板厂,委托乙实木地板厂加工成特制木地板用于销售,合同注明甲建材商城须支付乙实木地板厂加工费和辅料费(含增值税)6 780 元。实木地板的消费税税率为 5%,甲建材商城提货时被代收代缴的消费税为( )。
    A. 947.37 元　　　　　　　　　B. 1 200 元
    C. 1 304.21 元　　　　　　　　D. 1 263.16 元

14. 下列应税消费品,应在零售环节缴纳消费税的是( )。
    A. 高档化妆品　　　　　　　　　B. 玉石首饰
    C. 翡翠耳饰　　　　　　　　　　D. 钻石饰品

15. 未分别核算销售额、销售数量,或者将不同税率的应税消费品组成成套消费品销售的,( )。
    A. 从低适用税率 B. 从高适用税率
    C. 不缴税 D. 由税务局估计定额税

16. 纳税人进口应税消费品,按照消费税征收管理的相关规定,应当自海关填发海关进口消费税专用缴款书之日起( )缴纳税款。
    A. 30日内 B. 15日内
    C. 10日内 D. 7日内

17. 某啤酒厂生产啤酒150吨,销售啤酒100吨,取得不含增值税销售额30万元、增值税税额3.9万元,则该啤酒厂应缴纳消费税的计税依据为( )。
    A. 30万元 B. 33.9万元
    C. 150吨 D. 100吨

18. 消费税纳税人采用预收货款结算方式的,其纳税义务发生时间为( )。
    A. 发出货物的当天 B. 收到货款的当天
    C. 合同规定的收款日期当天 D. 双方约定的任一时间

19. 某酒厂为增值税一般纳税人,2023年5月销售白酒2吨,取得不含税收入200 000元,包装物押金11 300元,该酒厂包装物押金单独记账核算,货物已经发出。该酒厂本月应缴纳消费税( )元。
    A. 40 000 B. 44 000
    C. 42 000 D. 44 320

20. 某卷烟厂2023年5月研发出一种新型卷烟,当月生产20箱作为样品用于市场推广,没有同类售价,已知成本为50万元,卷烟的成本利润率为10%,经税务机关批准,卷烟适用的税率为56%,则该批卷烟应缴纳消费税( )万元。
    A. 70.30 B. 70.68
    C. 47.91 D. 45.20

二、多项选择题

1. 消费税属于( )。
    A. 价内税 B. 价外税
    C. 流转税 D. 所得税

2. 消费税纳税义务人是中华人民共和国境内( )的单位和个人。
    A. 生产销售应税消费品 B. 委托加工应税消费品
    C. 进口应税消费品 D. 购买应税消费品

3. 消费税中的烟包括( )。
    A. 卷烟 B. 雪茄烟 C. 烟丝 D. 烟叶

4. 消费税中的高尔夫球及球具是指从事高尔夫球运动所需的各种专用装备,包括(   )。

    A. 高尔夫球 B. 高尔夫球杆
    C. 高尔夫球包(袋) D. 高尔夫球车

5. 纳税人用于(   )等方面的应税消费品,应当以纳税人同类应税消费品的最高销售价格为计税依据计算消费税。

    A. 换取生产资料 B. 换取消费资料
    C. 投资入股 D. 抵偿债务

6. 下列各项,准予扣除外购消费品已缴纳消费税的有(   )。

    A. 外购已税烟丝生产的卷烟
    B. 外购已税珠宝玉石生产的贵重首饰及珠宝玉石
    C. 以外购已税实木地板为原料生产的实木地板
    D. 外购已税鞭炮、焰火生产的鞭炮、焰火

7. 根据《中华人民共和国消费税暂行条例实施细则》的规定,消费税纳税义务发生时间按照不同情况分别确定为(   )。

    A. 纳税人委托加工的应税消费品,其纳税义务发生时间为纳税人提货的当天
    B. 纳税人进口的应税消费品,其纳税义务发生时间为报关进口的当天
    C. 纳税人采用预收货款结算方式销售的应税消费品,其纳税义务发生时间为收到预收货款的当天
    D. 纳税人自产自用的应税消费品,用于生产非应税消费品的,其纳税义务发生时间为移送使用的当天

8. 下列各项,属于应征消费税项目的有(   )。

    A. 15 000元一只的手表 B. 帆艇
    C. 超豪华小汽车 D. 戏剧舞台化妆油彩

9. 下列各项,属于消费税纳税期限的有(   )。

    A. 1日、3日 B. 5日、10日
    C. 15日、1个月 D. 45日、60日

10. 采用定额税率从量定额征收消费税的项目有(   )。

    A. 黄酒 B. 葡萄酒 C. 柴油 D. 烟丝

11. 某啤酒厂销售1吨啤酒,不含增值税价格为2 850元,收取价外费用140元,单独核算包装物押金50元(押金期限3个月),则该啤酒厂消费税的计算为(   )。

    A. 每吨出厂价为3 018.14元,故该啤酒属于甲类啤酒
    B. 啤酒出厂价应当考虑包装物押金的金额
    C. 每吨消费税税额为250元
    D. 每吨消费税税额为220元

12. 消费税的纳税环节包括(   )。

    A. 批发环节 B. 进口环节 C. 零售环节 D. 生产销售环节

13. 在零售环节缴纳消费税的应税消费品有(　　)。
    A. 翡翠玉佛　　　　　　　　　　B. 钻石胸针
    C. 珊瑚珠串　　　　　　　　　　D. 18K 金镶嵌翡翠耳钉

14. 根据现行税法,下列消费品的生产经营环节,既征收增值税又征收消费税的有(　　)。
    A. 卷烟的批发环节　　　　　　　B. 金银饰品的生产环节
    C. 珍珠饰品的零售环节　　　　　D. 高档手表的生产环节

15. 下列应税消费品,实行从价定率计征方法的有(　　)。
    A. 木制一次性筷子　　　　　　　B. 摩托车
    C. 白酒　　　　　　　　　　　　D. 甲类卷烟

16. 下列关于消费税纳税地点的表述,正确的有(　　)。
    A. 纳税人销售应税消费品,除国家另有规定外,应当向纳税人机构所在地或者居住地主管税务机关申报纳税
    B. 纳税人总机构和分支机构不在同一县的,一律在总机构所在地申报纳税
    C. 批发卷烟,一般在批发企业的机构所在地税务机关申报纳税
    D. 委托加工应税消费品,由受托方(受托方为个体经营者除外)向机构所在地或者居住地主管税务机关申报纳税

17. 下列各项,不符合消费税纳税义务发生时间规定的有(　　)。
    A. 分期收款结算方式下,合同规定的收款日期
    B. 预收货款结算方式下,货物发出的当天
    C. 赊销方式下,货物发出的当天
    D. 报关进口的货物为报关进口后的 7 天内

18. 下列关于消费税纳税地点的阐述,正确的有(　　)。
    A. 自产自用的应税消费品,向使用地主管税务机关申报纳税
    B. 委托加工的应税消费品,受托方向机构所在地主管税务机关解缴消费税税款
    C. 进口的应税消费品,进口人或其代理人向报关地海关申报纳税
    D. 委托外县代销自产应税消费品的,向代销地税务机关申报纳税

19. 根据我国现行的消费税制度,下列说法正确的有(　　)。
    A. 消费税是价内税
    B. 消费税选择部分生活消费品课税
    C. 消费税对同一消费品只能课征一次
    D. 消费税是价外税

20. 下列各项,可按委托加工应税消费品的规定征收消费税的有(　　)。
    A. 受托方代垫原料,委托方提供辅助材料的
    B. 委托方提供原料和主要材料,受托方代垫部分辅助材料的
    C. 受托方负责采购委托方所需原料的
    D. 委托方提供原料、主要材料和全部辅助材料的

三、判断题

1. 消费税属于流转税的范畴。（   ）
2. 消费税是在对货物普遍征收增值税的基础上，选择多数消费品再征收一道税。（   ）
3. 纳税人自产的应税消费品用于换取生产资料或消费资料、投资入股、偿还债务的，不需要缴纳消费税。（   ）
4. 委托加工应税消费品是指受托方提供原料和主要材料，并收取加工费加工的应税消费品。（   ）
5. 进口环节缴纳的消费税由海关代征。（   ）
6. 金银首饰连同包装物销售的，包装价格应并入金银首饰的销售额，计征消费税。（   ）
7. 舞台、戏剧、影视演员化妆用的上妆油、卸装油、油彩，不属于高档化妆品税目的征收范围。（   ）
8. 体育上用的发令纸、鞭炮药引线，不属于鞭炮、焰火征税项目。（   ）
9. 航空煤油暂缓征收消费税。（   ）
10. 电动汽车属于小汽车税目的征收范围。（   ）
11. 消费税中每标准箱卷烟的定额税率是150元。（   ）
12. 消费税中每标准条卷烟适用税率的分界点是每标准条对外调拨价格50元。（   ）
13. 啤酒仅适用定额税率。（   ）
14. 消费税应纳税额的计算方法分为从价计征、从量计征和从价从量复合计征三类。（   ）
15. 在从价定率计征方法下，消费税应纳税额的计算取决于应税消费品的销售额和适用税率。（   ）
16. 在现行消费税的征收范围中，只有白酒采用复合计征方法。（   ）
17. 在复合计征方法下，消费税应纳税额等于应税销售数量乘以定额税率再加上应税销售额乘以比例税率。（   ）
18. 纳税人自产自用的应税消费品，用于连续生产应税消费品以外的其他方面的，于移送使用时纳税。（   ）
19. 每吨啤酒出厂价在3 000元（不含增值税、含包装物押金）及以上的为甲类啤酒，每吨税额为250元。（   ）
20. 在从量定额计征方法下，消费税应纳税额的计算公式为：应纳税额＝应税消费品数量×消费税单位税额。（   ）

四、计算分析题

1. 某汽车制造有限公司为增值税一般纳税人，2023年4月发生业务如下：

（1）生产200辆气缸容量为4.0升的小汽车，销售100辆，零售价为45.2万元/辆。
（2）收取该型号小汽车室内装饰费、改装费1 130万元。

已知小汽车消费税税率为25%。

要求：根据以上业务填写消费税及附加税费申报表。

消费税及附加税费申报表

税款所属期：自　　年　月　日至　　年　月　日

纳税人识别号（统一社会信用代码）：

纳税人名称：　　　　　　　　　　　　　　　　　　金额单位：人民币元（列至角分）

应税消费品名称		适用税率		计量单位	本期销售数量	本期销售额	本期应纳税额
		定额税率	比例税率				
		1	2	3	4	5	6=1×4+2×5
乘用车	气缸容量≤1.0升		1%	辆			
	1.0升<气缸容量≤1.5升		3%	辆			
	1.5升<气缸容量≤2.0升		5%	辆			
	2.0升<气缸容量≤2.5升		9%	辆			
	2.5升<气缸容量≤3.0升		12%	辆			
	3.0升<气缸容量≤4.0升		25%	辆	100	56 500 000.00	14 125 000.00
	气缸容量>4.0升		40%	辆			
中轻型商用客车			5%	辆			
合计		—	—			—	14 125 000.00

	栏次	本期税费额
本期减（免）税额	7	
期初留抵税额	8	
本期准予扣除税额	9	
本期应扣除税额	10=8+9	
本期实际扣除税额	11［10<（6-7），则为10，否则为（6-7）］	
期末留抵税额	12=10-11	
本期预缴税额	13	
本期应补（退）税额	14=6-7-11-13	
城市维护建设税本期应补（退）税额	15	
教育费附加本期应补（退）费额	16	
地方教育附加本期应补（退）费额	17	

声明：此表是根据国家税收法律法规及相关规定填写的，本人（单位）对填报内容（及附带资料）的真实性、可靠性、完整性负责。

纳税人（签章）：　　　年　月　日

经办人： 经办人身份证号： 代理机构签章： 代理机构统一社会信用代码：	受理人： 受理税务机关（章）： 受理日期：　　年　月　日

消费税附加税费计算表

金额单位：元(列至角分)

税(费)种	计税(费)依据 消费税税额	税(费)率(%)	本期应纳税(费)额	本期减免税(费)额		本期是否适用增值税小规模纳税人"六税两费"减征政策 □是 □否		本期已缴税(费)额	本期应补(退)税(费)额
				减免性质代码	减免税(费)额	减征比例(%)	减征额		
	1	2	3=1×2	4	5	6	7=(3-5)×6	8	9=3-5-7-8
城市维护建设税									
教育费附加									
地方教育附加									
合计	—	—		—			—		

2. 徐州云龙新能源有限公司为增值税一般纳税人，2023年4月发生业务如下：

（1）销售锌二氧化锰原电池100万只，不含税销售价格为1.7元/只。

（2）销售锌二氧化锰原电池40万只，不含税销售价格为2元/只。

（3）用20万只锌二氧化锰原电池与供应商换取电池原材料。

已知电池消费税税率为4%。

要求：根据以上业务填写消费税及附加税费申报表。

消费税及附加税费申报表

税款所属期：自　　年　月　日　至　　年　月　日

纳税人识别号(统一社会信用代码)：

纳税人名称：　　　　　　　　　　　　　　　　　金额单位：人民币元(列至角分)

项目	适用税率		计量单位	本期销售数量	本期销售额	本期应纳税额
	定额税率	比例税率				
应税消费品名称	1	2	3	4	5	6=1×4+2×5
电池(不含铅蓄电池)		4%	只			
铅蓄电池		4%	只			
合计	—	—		—		

	栏次	本期税费额
本期减(免)税额	7	
期初留抵税额	8	
本期准予扣除税额	9	
本期应扣除税额	10=8+9	
本期实际扣除税额	11[10<(6-7)，则为10，否则为(6-7)]	

续表

	栏次	本期税费额
期末留抵税额	12＝10－11	
本期预缴税额	13	
本期应补(退)税额	14＝6－7－11－13	
城市维护建设税本期应补(退)税额	15	
教育费附加本期应补(退)费额	16	
地方教育附加本期应补(退)费额	17	

声明：此表是根据国家税收法律法规及相关规定填写的,本人(单位)对填报内容(及附带资料)的真实性、可靠性、完整性负责。

纳税人(签章)：　　　年　月　日

经办人： 经办人身份证号： 代理机构签章： 代理机构统一社会信用代码：	受理人： 受理税务机关(章)： 受理日期：　　　年　月　日

消费税附加税费计算表

金额单位：元(列至角分)

税(费)种	计税(费)依据 消费税税额	税(费)率(%)	本期应纳税(费)额	本期减免税(费)额		本期是否适用增值税小规模纳税人"六税两费"减征政策 □是　□否		本期已缴税(费)额	本期应补(退)税(费)额
				减免性质代码	减免税(费)额	减征比例(%)	减征额		
	1	2	3＝1×2	4	5	6	7＝(3－5)×6	8	9＝3－5－7－8
城市维护建设税									
教育费附加									
地方教育附加									
合计		—	—		—				

3. 徐州云龙化妆品有限公司为增值税一般纳税人,2023年4月发生业务如下：

(1) 生产YLS面膜900盒,每盒10片,生产成本17万元。生产香水900瓶,每瓶10克,生产成本21.42万元。领用900盒面膜和900瓶香水发放给员工作为职工福利。

(2) 将1 000瓶新研制、试生产的高档香水赠送客户,每瓶5克,生产成本17万元。

已知化妆品全国平均成本利润率为5%,消费税税率为15%。

要求：根据以上业务填写消费税及附加税费申报表。

消费税及附加税费申报表

税款所属期：自　　年　月　日至　　年　月　日

纳税人识别号（统一社会信用代码）：

纳税人名称：　　　　　　　　　　　　　　　　　金额单位：人民币元（列至角分）

项目	适用税率		计量单位	本期销售数量	本期销售额	本期应纳税额
	定额税率	比例税率				
应税消费品名称	1	2	3	4	5	6=1×4+2×5
高档化妆品		15%				
高档化妆品		15%				
合计	—	—	—	—		

	栏次	本期税费额
本期减(免)税额	7	
期初留抵税额	8	
本期准予扣除税额	9	
本期应扣除税额	10=8+9	
本期实际扣除税额	11〔10<(6-7)，则为10，否则为(6-7)〕	
期末留抵税额	12=10-11	
本期预缴税额	13	
本期应补(退)税额	14=6-7-11-13	
城市维护建设税本期应补(退)税额	15	
教育费附加本期应补(退)费额	16	
地方教育附加本期应补(退)费额	17	

　　声明：此表是根据国家税收法律法规及相关规定填写的，本人（单位）对填报内容（及附带资料）的真实性、可靠性、完整性负责。

纳税人（签章）：　　　年　月　日

经办人： 经办人身份证号： 代理机构签章： 代理机构统一社会信用代码：	受理人： 受理税务机关（章）： 受理日期：　　年　月　日

消费税附加税费计算表

金额单位：元(列至角分)

税(费)种	计税(费)依据 消费税税额	税(费)率(%)	本期应纳税(费)额	本期减免税(费)额 减免性质代码	本期减免税(费)额 减免税(费)额	本期是否适用增值税小规模纳税人"六税两费"减征政策 □是 □否 减征比例(%)	本期是否适用增值税小规模纳税人"六税两费"减征政策 □是 □否 减征额	本期已缴税(费)额	本期应补(退)税(费)额
	1	2	3=1×2	4	5	6	7=(3-5)×6	8	9=3-5-7-8
城市维护建设税									
教育费附加									
地方教育附加									
合计	—	—				—			

4. 徐州云龙白酒有限公司为增值税一般纳税人，2023年4月发生业务如下：

自研自产新型粮食白酒2吨，发放给员工作为福利，无同类白酒销售价格，其成本为15万元/吨，成本利润率为5%。

要求：根据以上业务填写消费税及附加税费申报表。

消费税及附加税费申报表

税款所属期：自　　年　月　日至　　年　月　日

纳税人识别号(统一社会信用代码)：

纳税人名称：

金额单位：人民币元(列至角分)

应税消费品名称 \ 项目	适用税率 定额税率	适用税率 比例税率	计量单位	本期销售数量	本期销售额	本期应纳税额
	1	2	3	4	5	6=1×4+2×5
粮食白酒	0.5元/500克(毫升)	20%	500克(毫升)			
薯类白酒	0.5元/500克(毫升)	20%	500克(毫升)			
啤酒	250元/吨		吨			
啤酒	220元/吨		吨			
黄酒	240元/吨		吨			
其他酒		10%	吨			
合计	—	—	—		—	

续表

	栏次	本期税费额
本期减(免)税额	7	
期初留抵税额	8	
本期准予扣除税额	9	
本期应扣除税额	10＝8+9	
本期实际扣除税额	11[10<(6-7),则为10,否则为(6-7)]	
期末留抵税额	12＝10-11	
本期预缴税额	13	
本期应补(退)税额	14＝6-7-11-13	
城市维护建设税本期应补(退)税额	15	
教育费附加本期应补(退)费额	16	
地方教育附加本期应补(退)费额	17	

声明:此表是根据国家税收法律法规及相关规定填写的,本人(单位)对填报内容(及附带资料)的真实性、可靠性、完整性负责。

纳税人(签章): 年 月 日

经办人: 经办人身份证号: 代理机构签章: 代理机构统一社会信用代码:	受理人: 受理税务机关(章): 受理日期: 年 月 日

消费税附加税费计算表

金额单位:元(列至角分)

税(费)种	计税(费)依据	税(费)率(%)	本期应纳税(费)额	本期减免税(费)额		本期是否适用增值税小规模纳税人"六税两费"减征政策		本期已缴税(费)额	本期应补(退)税(费)额
	消费税税额			减免性质代码	减免税(费)额	□是 □否			
						减征比例(%)	减征额		
	1	2	3＝1×2	4	5	6	7＝(3-5)×6	8	9＝3-5-7-8
城市维护建设税									
教育费附加									
地方教育附加									
合计	—								

5. 徐州中烟工业有限公司为增值税一般纳税人,2023 年 4 月发生业务如下:

(1) 生产销售云龙卷烟 80 箱,开具的增值税专用发票注明金额为 40 万元,开具的增值税普通发票注明金额为 79.1 万元,未开具发票销售额为 22.6 万元。

(2) 领用 10 箱云龙卷烟,发放给员工作为福利。

(3) 新研制金龙卷烟,领用 22 箱免费发放给客户作为销售样品,每箱生产成本为 3.75 万元。

要求:根据以上业务填写消费税及附加税费申报表。

消费税及附加税费申报表

税款所属期:自　　年　月　日至　　年　月　日

纳税人识别号(统一社会信用代码):

纳税人名称:　　　　　　　　　　　　　　　　金额单位:人民币元(列至角分)

项目 应税消费品名称	适用税率		计量单位	本期销售数量	本期销售额	本期应纳税额
	定额税率	比例税率				
	1	2	3	4	5	6=1×4+2×5
甲类卷烟[调拨价 70 元(不含增值税)/条以上(含 70 元)]	30 元/万支	56%	万支			
乙类卷烟[调拨价 70 元(不含增值税)/条以下]	30 元/万支	36%	万支			
合计	—	—		—		

	栏次	本期税费额
本期减(免)税额	7	
期初留抵税额	8	
本期准予扣除税额	9	
本期应扣除税额	10=8+9	
本期实际扣除税额	11[10<(6-7),则为 10,否则为(6-7)]	
期末留抵税额	12=10-11	
本期预缴税额	13	
本期应补(退)税额	14=6-7-11-13	
城市维护建设税本期应补(退)税额	15	
教育费附加本期应补(退)费额	16	
地方教育附加本期应补(退)费额	17	

声明:此表是根据国家税收法律法规及相关规定填写的,本人(单位)对填报内容(及附带资料)的真实性、可靠性、完整性负责。

　　　　　　　　　　　　　　　　　　　　纳税人(签章):　　　　年　月　日

经办人: 经办人身份证号: 代理机构签章: 代理机构统一社会信用代码:	受理人: 受理税务机关(章): 受理日期:　　年　月　日

消费税附加税费计算表

金额单位：元（列至角分）

税(费)种	计税(费)依据 消费税税额	税(费)率(%)	本期应纳税(费)额	本期减免税(费)额		本期是否适用增值税小规模纳税人"六税两费"减征政策 □是 □否		本期已缴税(费)额	本期应补(退)税(费)额
				减免性质代码	减免税(费)额	减征比例(%)	减征额		
	1	2	3=1×2	4	5	6	7=(3-5)×6	8	9=3-5-7-8
城市维护建设税									
教育费附加									
地方教育附加									
合计	—	—		—		—			

6. 徐州子房实木地板有限公司为增值税一般纳税人，2023年4月发生业务如下：

（1）生产并销售实木地板3万平方米，不含税销售价格120元/平方米。

（2）购入已税实木素板，取得的增值税专用发票注明金额为300万元。实木素板期初库存为120万元，期末库存为280万元。

（3）购入原木，取得的增值税专用发票注明金额为200万元。

要求：根据以上业务填写消费税及附加税费申报表。

消费税及附加税费申报表

税款所属期：自　　年　月　日至　　年　月　日

纳税人识别号（统一社会信用代码）：

纳税人名称：

金额单位：人民币元（列至角分）

应税消费品名称 \ 项目	适用税率		计量单位	本期销售数量	本期销售额	本期应纳税额
	定额税率	比例税率				
	1	2	3	4	5	6=1×4+2×5
实木地板		5%	平方米			
合计	—	—	—			

	栏次	本期税费额
本期减(免)税额	7	
期初留抵税额	8	
本期准予扣除税额	9	
本期应扣除税额	10=8+9	

续表

	栏次	本期税费额
本期实际扣除税额	11[10<(6-7),则为10,否则为(6-7)]	
期末留抵税额	12=10-11	
本期预缴税额	13	
本期应补(退)税额	14=6-7-11-13	
城市维护建设税本期应补(退)税额	15	
教育费附加本期应补(退)费额	16	
地方教育附加本期应补(退)费额	17	

声明：此表是根据国家税收法律法规及相关规定填写的,本人(单位)对填报内容(及附带资料)的真实性、可靠性、完整性负责。

纳税人(签章)：　　　　年　　月　　日

经办人： 经办人身份证号： 代理机构签章： 代理机构统一社会信用代码：	受理人： 受理税务机关(章)： 受理日期：　　　年　　月　　日

本期准予扣除税额计算表

金额单位：元(列至角分)

准予扣除项目		应税消费品名称		实木地板		合计
一、本期准予扣除的委托加工应税消费品已纳税款计算		期初库存委托加工应税消费品已纳税款	1			
		本期收回委托加工应税消费品已纳税款	2			
		期末库存委托加工应税消费品已纳税款	3			
		本期领用不准予扣除委托加工应税消费品已纳税款	4			
		本期准予扣除委托加工应税消费品已纳税款	5=1+2-3-4			
二、本期准予扣除的外购应税消费品已纳税款计算	(一)从价计税	期初库存外购应税消费品买价	6			
		本期购进应税消费品买价	7			
		期末库存外购应税消费品买价	8			

续表

准予扣除项目		应税消费品名称	实木地板			合计
二、本期准予扣除的外购应税消费品已纳税款计算	（一）从价计税	本期领用不准予扣除外购应税消费品买价	9			
		适用税率	10			—
		本期准予扣除外购应税消费品已纳税款	11＝(6+7-8-9)×10			
	（二）从量计税	期初库存外购应税消费品数量	12			
		本期外购应税消费品数量	13			
		期末库存外购应税消费品数量	14			
		本期领用不准予扣除外购应税消费品数量	15			
		适用税率	16			
		计量单位	17			
		本期准予扣除的外购应税消费品已纳税款	18＝(12+13-14-15)×16			
三、本期准予扣除税款合计			19＝5+11+18			

消费税附加税费计算表

金额单位：元(列至角分)

税(费)种	计税(费)依据	税(费)率(％)	本期应纳税(费)额	本期减免税(费)额		本期是否适用增值税小规模纳税人"六税两费"减征政策		本期已缴税(费)额	本期应补(退)税(费)额
	消费税税额			减免性质代码	减免税(费)额	□是 □否			
						减征比例(％)	减征额		
	1	2	3＝1×2	4	5	6	7＝(3-5)×6	8	9＝3-5-7-8
城市维护建设税									
教育费附加									
地方教育附加									
合计		—		—		—			

7. 徐州云龙烟草有限公司为增值税一般纳税人，主营烟草批发业务。2023年4月批发卷烟基本情况如下表：

卷烟条包装商品条码	卷烟牌号规格	卷烟类别	卷烟类型
6901028161134	红塔山(软经典)	三类卷烟	国产卷烟
6901028169908	阿诗玛(硬盒)	一类卷烟	国产卷烟

具体发生业务如下:

(1) 批发红塔山卷烟32箱,开具的增值税普通发票注明价税合计金额为45.2万元。

(2) 批发阿诗玛卷烟120箱,取得不含税销售额300万元,开具的增值税普通发票注明价税合计金额为339万元。

要求:根据以上业务填写消费税及附加税费申报表。

消费税及附加税费申报表

税款所属期:自　　年　月　日　至　　年　月　日

纳税人识别号(统一社会信用代码):

纳税人名称:　　　　　　　　　　　　　　　　　金额单位:人民币元(列至角分)

应税消费品名称	适用税率		计量单位	本期销售数量	本期销售额	本期应纳税额
	定额税率	比例税率				
	1	2	3	4	5	6=1×4+2×5
卷烟	50元/万支	11%	万支			
合计	—	—				

项目	栏次	本期税费额
本期减(免)税额	7	
期初留抵税额	8	
本期准予扣除税额	9	
本期应扣除税额	10=8+9	
本期实际扣除税额	11[10<(6-7),则为10,否则为(6-7)]	
期末留抵税额	12=10-11	
本期预缴税额	13	
本期应补(退)税额	14=6-7-11-13	
城市维护建设税本期应补(退)税额	15	
教育费附加本期应补(退)费额	16	
地方教育附加本期应补(退)费额	17	

声明:此表是根据国家税收法律法规及相关规定填写的,本人(单位)对填报内容(及附带资料)的真实性、可靠性、完整性负责。

纳税人(签章):　　　　年　月　日

经办人: 经办人身份证号: 代理机构签章: 代理机构统一社会信用代码:	受理人: 受理税务机关(章): 受理日期:　　年　月　日

卷烟批发企业月份销售明细清单
(卷烟批发环节消费税纳税人适用)

卷烟条包装商品条码	卷烟牌号规格	卷烟类别	卷烟类型	销售价格	销售数量	销售额	备注
1	2	3	4	5	6	7	8

消费税附加税费计算表

金额单位：元(列至角分)

税(费)种	计税(费)依据 消费税税额	税(费)率(%)	本期应纳税(费)额	本期减免税(费)额		本期是否适用增值税小规模纳税人"六税两费"减征政策 □是 □否		本期已缴税(费)额	本期应补(退)税(费)额
				减免性质代码	减免税(费)额	减征比例(%)	减征额		
	1	2	3=1×2	4	5	6	7=(3-5)×6	8	9=3-5-7-8
城市维护建设税									
教育费附加									
地方教育附加									
合计	—	—	—		—		—		

8. 徐州云龙汽车销售有限公司为增值税一般纳税人，主营汽车及配件零售业务。2023年4月发生业务如下：

(1) 销售V级小轿车4辆，零售价282.5万元/辆。

(2) 销售其他型号小轿车60辆，平均零售价45.2万元/辆，最高零售价79.1万元/辆。

要求：根据以上业务填写消费税及附加税费申报表。

消费税及附加税费申报表

税款所属期：自　　年　月　日至　　年　月　日

纳税人识别号(统一社会信用代码)：

纳税人名称：

金额单位：人民币元(列至角分)

应税消费品名称	适用税率		计量单位	本期销售数量	本期销售额	本期应纳税额
	定额税率	比例税率				
	1	2	3	4	5	6=1×4+2×5
超豪华小汽车		10%	辆			

续表

项目 应税消费品名称	适用税率		计量单位	本期销售数量	本期销售额	本期应纳税额
	定额税率	比例税率				
	1	2	3	4	5	6=1×4+2×5
合计	—	—	—	—	—	

	栏次	本期税费额
本期减(免)税额	7	
期初留抵税额	8	
本期准予扣除税额	9	
本期应扣除税额	10=8+9	
本期实际扣除税额	11[10<(6-7),则为10,否则为(6-7)]	
期末留抵税额	12=10-11	
本期预缴税额	13	
本期应补(退)税额	14=6-7-11-13	
城市维护建设税本期应补(退)税额	15	
教育费附加本期应补(退)费额	16	
地方教育附加本期应补(退)费额	17	

声明：此表是根据国家税收法律法规及相关规定填写的，本人(单位)对填报内容(及附带资料)的真实性、可靠性、完整性负责。

纳税人(签章)：　　年　月　日

经办人： 经办人身份证号： 代理机构签章： 代理机构统一社会信用代码：	受理人： 受理税务机关(章)： 受理日期：　　年　月　日

消费税附加税费计算表

金额单位：元(列至角分)

税(费)种	计税(费)依据 消费税税额	税(费)率(%)	本期应纳税(费)额	本期减免税(费)额		本期是否适用增值税小规模纳税人"六税两费"减征政策 □是 □否		本期已缴税(费)额	本期应补(退)税(费)额
				减免性质代码	减免税(费)额	减征比例(%)	减征额		
	1	2	3=1×2	4	5	6	7=(3−5)×6	8	9=3−5−7−8
城市维护建设税									
教育费附加									
地方教育附加									
合计	—	—			—		—		

五、实训题

徐州云龙烟草有限公司为增值税一般纳税人。

2023年4月发生业务如下：

资料1：

本期卷烟销售统计表

单位：元

应税消费品名称	单位	日期	数量	单价	金额	备注
烟草制品*华韵香烟	箱	2023-04	1 910	50 000.00	95 500 000.00	250条/标准箱(甲类)
烟草制品*艾宝香烟	箱	2023-04	900	25 000.00	22 500 000.00	250条/标准箱(甲类)
烟草制品*清羽香烟	箱	2023-04	1 100	15 000.00	16 500 000.00	250条/标准箱(乙类)
合计	—	—	3 910		134 500 000.00	—

资料2：

本期雪茄烟销售统计表

单位：元

应税消费品名称	单位	日期	数量	单价	金额	备注
烟草制品*龙纹雪茄	箱	2023-04	500	10 000.00	5 000 000.00	250支/标准箱
合计	—		500		5 000 000.00	—

资料3:

本期烟丝销售统计表

单位: 元

应税消费品名称	单位	日期	数量	单价	金额	备注
烟草制品*华韵烟丝	千克	2023-04	3 000	200.00	600 000.00	—
烟草制品*古城烟丝	千克	2023-04	500	100.00	50 000.00	—
合计	—	—	3 500	—	650 000.00	—

资料4:

外购应税消费品库存统计表

单位: 元

应税消费品名称	期初库存	当期购进	当期领用	期末库存	备注
烟草制品*标准烟丝	0.00	28 000 000.00	20 000 000.00	8 000 000.00	含消费税
烟草制品*雪茄烟丝	0.00	17 500 000.00	7 500 000.00	10 000 000.00	含消费税
合计	0.00	45 500 000.00	27 500 000.00	18 000 000.00	—

资料5:

委托加工应税消费品已纳税款统计表

单位: 元

应税消费品名称	期初库存	当期收回	当期领用	期末库存	备注
烟草制品*标准烟丝	2 000 000.00	0.00	2 000 000.00	0.00	该批烟丝用于生产
合计	2 000 000.00	0.00	2 000 000.00	0.00	—

要求: 根据资料填写消费税及附加税费申报表。

消费税及附加税费申报表

税款所属期: 自　　年　月　日至　　年　月　日

纳税人识别号(统一社会信用代码):

纳税人名称:　　　　　　　　　　　　　　　　　　金额单位: 人民币元(列至角分)

应税消费品名称	项目 适用税率 定额税率	适用税率 比例税率	计量单位	本期销售数量	本期销售额	本期应纳税额
	1	2	3	4	5	6=1×4+2×5
甲类卷烟[调拨价70元(不含增值税)/条以上(含70元)]	30元/万支	56%	万支			
乙类卷烟[调拨价70元(不含增值税)/条以下]	30元/万支	36%	万支			
雪茄烟	—	36%	支			
烟丝	—	30%	千克			
合计						

续表

	栏次	本期税费额
本期减(免)税额	7	
期初留抵税额	8	
本期准予扣除税额	9	
本期应扣除税额	10＝8+9	
本期实际扣除税额	11[10<(6-7)，则为10,否则为(6-7)]	
期末留抵税额	12＝10-11	
本期预缴税额	13	
本期应补(退)税额	14＝6-7-11-13	
城市维护建设税本期应补(退)税额	15	
教育费附加本期应补(退)费额	16	
地方教育附加本期应补(退)费额	17	

声明：此表是根据国家税收法律法规及相关规定填写的，本人(单位)对填报内容(及附带资料)的真实性、可靠性、完整性负责。

纳税人(签章)： 年 月 日

经办人： 经办人身份证号： 代理机构签章： 代理机构统一社会信用代码：	受理人： 受理税务机关(章)： 受理日期： 年 月 日

本期准予扣除税额计算表

金额单位：元(列至角分)

准予扣除项目	应税消费品名称		烟丝			合计
一、本期准予扣除的委托加工应税消费品已纳税款计算	期初库存委托加工应税消费品已纳税款	1				
	本期收回委托加工应税消费品已纳税款	2				
	期末库存委托加工应税消费品已纳税款	3				
	本期领用不准予扣除委托加工应税消费品已纳税款	4				
	本期准予扣除委托加工应税消费品已纳税款	5＝1+2-3-4				

续表

准予扣除项目		应税消费品名称	烟丝			合计
二、本期准予扣除的外购应税消费品已纳税款计算	（一）从价计税	期初库存外购应税消费品买价	6			
		本期购进应税消费品买价	7			
		期末库存外购应税消费品买价	8			
		本期领用不准予扣除外购应税消费品买价	9			
		适用税率	10			
		本期准予扣除外购应税消费品已纳税款	11＝(6+7-8-9)×10			
	（二）从量计税	期初库存外购应税消费品数量	12			
		本期外购应税消费品数量	13			
		期末库存外购应税消费品数量	14			
		本期领用不准予扣除外购应税消费品数量	15			
		适用税率	16			
		计量单位	17			
		本期准予扣除的外购应税消费品已纳税款	18＝(12+13-14-15)×16			
三、本期准予扣除税款合计			19＝5+11+18			

消费税附加税费计算表

金额单位：元（列至角分）

税(费)种	计税(费)依据	税(费)率(%)	本期应纳税(费)额	本期减免税(费)额		本期是否适用增值税小规模纳税人"六税两费"减征政策		本期已缴税(费)额	本期应补(退)税(费)额
						□是 □否			
	消费税税额			减免性质代码	减免税(费)额	减征比例(%)	减征额		
	1	2	3＝1×2	4	5	6	7＝(3-5)×6	8	9＝3-5-7-8
城市维护建设税									
教育费附加									
地方教育附加									
合计		—	—		—		—		

项目四

企业所得税的计算与申报

一、单项选择题

1. 根据企业所得税法律制度的规定,下列主体,属于居民企业的是（　　）。
   A. 依照外国法律成立但实际管理机构在中国境内的企业
   B. 依照外国法律成立且实际管理机构不在中国境内,在中国境内未设立机构、场所,但有来源于中国境内所得的企业
   C. 依照外国法律成立且实际管理机构不在中国境内,但在中国境内设立机构、场所的企业
   D. 依照外国法律成立且实际管理机构在中国境外的企业

2. 根据企业所得税法律制度的规定,下列所得,应按照负担、支付所得的企业或者机构、场所所在地确定所得来源地的是（　　）。
   A. 销售货物所得
   B. 权益性投资资产转让所得
   C. 动产转让所得
   D. 特许权使用费所得

3. 境外甲企业在我国境内未设立机构、场所。2023年3月,甲企业向我国居民纳税人乙公司转让了一项配方,取得转让费900万元。甲企业就该项转让费所得应向我国缴纳的企业所得税税额为（　　）万元。
   A. 225
   B. 200
   C. 135
   D. 90

4. 某软件企业是国家需要重点扶持的高新技术企业。该企业2022年度的应纳税所得额为400万元,则该企业2022年度应缴纳的企业所得税税额为（　　）万元。
   A. 100
   B. 80
   C. 60
   D. 40

5. 甲企业为符合条件的小型微利企业。甲企业2022年度的应纳税所得额为50万元,则甲企业2022年度应缴纳的企业所得税税额为（　　）万元。
   A. 5
   B. 3.75
   C. 6.25
   D. 2.5

6. 根据企业所得税法律制度的规定,下列关于不同方式下销售商品收入金额确定的表述,正确的是(   )。
   A. 采用商业折扣方式销售商品的,按照商业折扣前的金额确定销售商品收入金额
   B. 采用现金折扣方式销售商品的,按照现金折扣前的金额确定销售商品收入金额
   C. 采用售后回购方式销售商品的,按照扣除回购商品公允价值后的余额确定销售商品收入金额
   D. 采用以旧换新方式销售商品的,按照扣除回收商品公允价值后的余额确定销售商品收入金额

7. 某化妆品生产企业2022年计入成本、费用中的合理的实发工资为600万元,当年发生的工会经费为16万元,职工福利费为80万元,职工教育经费为50万元,则税前可扣除的工会经费、职工福利费、职工教育经费合计为(   )万元。
   A. 146   B. 140
   C. 100   D. 108.5

8. 某服装厂2021年实发工资总额为1 000万元,发生职工教育经费支出70万元;2022年实发工资总额为1 200万元,发生职工教育经费支出100万元。根据企业所得税法律制度的规定,该服装厂在计算2022年应纳税所得额时,准予扣除的职工教育经费支出为(   )万元。
   A. 90   B. 96
   C. 100   D. 120

9. 甲企业2022年取得销售收入3 000万元,发生广告费400万元;上一年度结转广告费60万元。根据企业所得税法律制度的规定,甲企业2022年准予扣除的广告费为(   )万元。
   A. 460   B. 510
   C. 450   D. 340

10. 甲公司2022年取得销售收入2 200万元,发生与生产经营活动有关的业务招待费60万元,且能提供有效凭证。甲公司在计算当年应纳税所得额时,准予扣除的业务招待费为(   )万元。
    A. 11   B. 60
    C. 36   D. 50

11. 某电器生产商2022年取得商品销售收入3 000万元、设备出租收入200万元,发生与生产经营活动有关的业务招待费18万元。根据企业所得税法律制度的规定,该电器生产商在计算当年应纳税所得额时,准予扣除的业务招待费为(   )万元。
    A. 10.8   B. 15
    C. 16   D. 18

12. 甲公司2022年度实现利润总额400万元,发生公益性捐赠支出50万元。甲公司在计算当年应纳税所得额时,准予扣除的公益性捐赠支出的数额为(   )万元。
    A. 50   B. 6
    C. 36   D. 48

13. 某企业2022年度实现利润总额20万元,在营业外支出账户列支了通过公益性社会组织向贫困地区的捐款5万元。根据企业所得税法律制度的规定,该企业在计算2022年度应纳税所得额时,允许扣除的捐款数额为(　　)万元。

　　A. 5　　　　　　　　　　　　　　B. 2.4
　　C. 1.5　　　　　　　　　　　　　　D. 1

14. 某企业2016年亏损20万元,2017年盈利12万元,2018年亏损1万元,2019年盈利4万元,2020年亏损5万元,2021年盈利2万元,2022年盈利38万元,则该企业2022年应缴纳的企业所得税税额为(　　)万元。

　　A. 9.5　　　　　　　　　　　　　　B. 7.5
　　C. 8　　　　　　　　　　　　　　　D. 8.25

15. 根据企业所得税法律制度的规定,企业为开发新技术、新产品、新工艺发生的研究开发费用,未形成无形资产计入当期损益的,在按照规定据实扣除的基础上,再按照研究开发费用的一定比例在税前加计扣除,该比例为(　　)。

　　A. 75%　　　　　　　　　　　　　　B. 100%
　　C. 175%　　　　　　　　　　　　　 D. 200%

16. 下列关于固定资产确定计税基础的表述,不符合企业所得税法律制度规定的是(　　)。

　　A. 自行建造的固定资产,以竣工结算前发生的支出为计税基础
　　B. 盘盈的固定资产,以同类固定资产的重置完全价值为计税基础
　　C. 通过捐赠取得的固定资产,以该资产的原账面价值为计税基础
　　D. 通过投资取得的固定资产,以该资产的公允价值和支付的相关税费为计税基础

17. 某企业购入一辆小汽车,按照企业所得税法律制度的规定,该车辆最低应按照(　　)年计提折旧。

　　A. 20　　　　　　　　　　　　　　B. 10
　　C. 4　　　　　　　　　　　　　　　D. 3

18. 甲公司2022年应纳税所得额为1 000万元,减免税额为10万元,抵免税额为20万元。已知企业所得税税率为25%,下列关于甲公司当年应纳所得税额的计算公式,正确的是(　　)。

　　A. 1 000×25%−10−20=220(万元)　　B. 1 000×25%−10=240(万元)
　　C. 1 000×25%=250(万元)　　　　　　D. 1 000×25%−20=230(万元)

19. 根据企业所得税法律制度的规定,下列各项,属于特许权使用费收入的是(　　)。

　　A. 提供生产设备使用权取得的收入　　B. 提供运输工具使用权取得的收入
　　C. 提供房屋使用权取得的收入　　　　D. 提供商标使用权取得的收入

20. 根据企业所得税法律制度的规定,企业从事下列项目的所得,减半征收企业所得税的是(　　)。

　　A. 花卉种植　　　　　　　　　　　　B. 中药材种植
　　C. 谷物种植　　　　　　　　　　　　D. 蔬菜种植

二、多项选择题

1. 根据企业所得税法律制度的规定，下列取得收入的主体，应当缴纳企业所得税的有（　　）。

   A. 合伙企业　　　　　　　　　　B. 国有独资公司
   C. 股份有限公司　　　　　　　　D. 高等院校

2. 根据企业所得税法律制度的规定，在我国境内设立机构、场所的非居民企业取得的下列所得，应当向我国缴纳企业所得税的有（　　）。

   A. 来源于中国境内，但与其在我国境内所设机构、场所没有实际联系的所得
   B. 来源于中国境外，但与其在我国境内所设机构、场所有实际联系的所得
   C. 来源于中国境内，且与其在我国境内所设机构、场所有实际联系的所得
   D. 来源于中国境外，且与其在我国境内所设机构、场所没有实际联系的所得

3. 甲公司为居民企业，2023年发生下列业务取得的收入，应当计入甲公司当年应纳税所得额的有（　　）。

   A. 接受乙企业给予的捐赠　　　　B. 收取的丙企业支付的违约金
   C. 举办业务技能培训收取的培训费　D. 收取的未到期的包装物押金

4. 根据企业所得税法律制度的规定，下列关于收入确认的表述，正确的有（　　）。

   A. 企业以非货币形式取得的收入，按照公允价值确定收入额
   B. 以分期收款方式销售货物的，按照收到货款或索取货款凭证的日期确认收入的实现
   C. 被投资企业以股权溢价形成的资本公积转增股本时，投资企业应作为股息、红利收入，相应增加该项长期投资的计税基础
   D. 接受捐赠收入，按照实际收到捐赠资产的日期确认收入的实现

5. 根据企业所得税法律制度的规定，企业取得的下列收入，属于不征税收入的有（　　）。

   A. 营业外收入
   B. 财政拨款
   C. 国债利息收入
   D. 依法收取并纳入财政管理的政府性基金

6. 根据企业所得税法律制度的规定，企业缴纳的下列税金，准予在计算应纳税所得额时扣除的有（　　）。

   A. 消费税　　　　　　　　　　　B. 土地增值税
   C. 城镇土地使用税　　　　　　　D. 准予抵扣的增值税

7. 根据企业所得税法律制度的规定，纳税人发生的下列支出，在计算应纳税所得额时，可以作为工资薪金支出的有（　　）。

A. 地区补贴　　　　　　　　　　B. 独生子女补贴

C. 物价补贴　　　　　　　　　　D. 误餐补贴

8. 根据企业所得税法律制度的规定,企业缴纳的下列保险费用,准予在税前扣除的有(　　)。

A. 企业财产保险费用

B. 为高空作业人员支付的人身安全商业保险费用

C. 为企业高管支付的人身安全商业保险费用

D. 为企业职工支付的基本养老保险费用

9. 甲公司2022年度取得销售收入4 000万元,发生与生产经营活动有关的业务招待费60万元、广告费和业务宣传费200万元。根据企业所得税法律制度的规定,下列关于甲公司业务招待费、广告费和业务宣传费准予在税前扣除的数额的表述,正确的有(　　)。

A. 业务招待费准予在税前扣除的数额为20万元

B. 业务招待费准予在税前扣除的数额为36万元

C. 广告费和业务宣传费准予在税前扣除的数额为600万元

D. 广告费和业务宣传费准予在税前扣除的数额为200万元

10. 根据企业所得税法律制度的规定,企业发生的下列支出,超出规定扣除标准的部分准予在以后纳税年度结转扣除的有(　　)。

A. 职工福利费　　　　　　　　　B. 补充养老保险费

C. 职工教育经费　　　　　　　　D. 业务宣传费

11. 根据企业所得税法律制度的规定,纳税人的下列支出,不得在计算应纳税所得额时扣除的有(　　)。

A. 合理的工资薪金总额8%以内的职工教育经费

B. 企业所得税税款

C. 交通罚款

D. 消费税税款

12. 根据企业所得税法律制度的规定,企业的下列支出,在计算应纳税所得额时允许实行加计扣除的有(　　)。

A. 购置用于环境保护专用设备的投资额

B. 为开发新技术发生的尚未形成无形资产而计入当期损益的研究开发费用

C. 安置残疾人员所支付的工资

D. 赞助支出

13. 根据企业所得税法律制度的规定,下列资产计提的折旧,可以在企业所得税税前扣除的有(　　)。

A. 生产性生物资产

B. 以经营租赁方式租出的固定资产

C. 以融资租赁方式租出的固定资产

D. 已足额提取折旧仍继续使用的固定资产

14. 根据企业所得税法律制度的规定,企业的下列资产或支出项目,不得计算折旧或摊销费用在税前扣除的有( )。
   A. 已足额提取折旧的固定资产的改建支出
   B. 单独估价作为固定资产入账的土地
   C. 以融资租赁方式租入的固定资产
   D. 未投入使用的机器设备

15. 根据企业所得税法律制度的规定,企业从事下列项目的所得,免征企业所得税的有( )。
   A. 花卉种植
   B. 中药材种植
   C. 谷物种植
   D. 蔬菜种植

16. 根据企业所得税法律制度的规定,下列行业,不适用研究开发费用税前加计扣除政策的有( )。
   A. 住宿和餐饮业
   B. 烟草制造业
   C. 租赁和商务服务业
   D. 批发和零售业

17. 根据企业所得税法律制度的规定,下列各项,在计算应纳税所得额时不得扣除的有( )。
   A. 向投资者支付的红利
   B. 企业内部营业机构之间支付的租金
   C. 企业内部营业机构之间支付的特许权使用费
   D. 未经核定的准备金支出

18. 甲企业的下列收入,应计入应纳税所得额的有( )。
   A. 接受捐赠收入10万元
   B. 产品销售收入2 000万元
   C. 股息收益200万元
   D. 国债利息收入30万元

19. 根据企业所得税法律制度的规定,下列各项,属于我国企业所得税的税收优惠形式的有( )。
   A. 加计扣除
   B. 加速折旧
   C. 减计收入
   D. 抵免应纳税额

20. 下列关于甲公司企业所得税征收管理的表述,正确的有( )。
   A. 如果2022年度税前所得不足以弥补2021年度亏损,甲公司无须办理2022年度企业所得税汇算清缴
   B. 甲公司企业所得税的纳税地点为甲公司登记注册地
   C. 甲公司应当于每月终了之日起15日内,向税务机关预缴企业所得税
   D. 甲公司2022纳税年度自2022年1月1日起至2022年12月31日止

三、判断题

1. 非居民企业在中国境内设立机构、场所的,仅就其所设机构、场所取得的来源于中国境内的所得缴纳企业所得税。（　）

2. 甲公司于2023年向英国的乙公司出售一处位于中国境内的房产,乙公司在意大利将房款支付给了甲公司在英国的分支机构。就该笔转让所得,甲公司有义务向中国主管税务机关申报缴纳企业所得税。（　）

3. 动产转让所得的应税所得来源地标准,按照所转让动产的所在地确定。（　）

4. 软件生产企业发生的职工培训费用在计算当年应纳税所得额时,可以据实全额扣除。（　）

5. 甲公司2023年开发一项新工艺发生的研究开发费用为80万元,尚未形成无形资产计入当期损益。在甲公司计算当年应纳税所得额时,该项研究开发费用可以扣除的数额为160万元。（　）

6. 企业承包建设国家重点扶持的公共基础设施项目后,可以自该承包项目取得第1笔收入年度起,第1年至第3年免征企业所得税,第4年至第6年减半征收企业所得税。（　）

7. 融资租入的固定资产,以租赁合同约定的付款总额和承租人在签订租赁合同过程中发生的相关费用为企业所得税计税基础。（　）

8. 分月或分季预缴应当自月份或季度终了之日起15日内,向税务机关报送企业所得税预缴纳税申报表,预缴税款。（　）

9. 企业所得税按年计征,分月或分季预缴,年终汇算清缴,多退少补。（　）

10. 飞机、火车、轮船、机器、机械和其他生产设备的折旧年限为20年。（　）

11. 企业种植蔬菜、粮食的所得,免征企业所得税。（　）

12. 根据企业所得税法律制度的规定,停止使用的生产性生物资产,应当自停止使用的当月起停止计算折旧。（　）

13. 以融资租赁方式租出的固定资产应当计算折旧扣除。（　）

14. 已足额提取折旧仍继续使用的固定资产不得计算折旧扣除。（　）

15. 居民企业无须就其来源于中国境外的所得缴纳企业所得税。（　）

16. 企业在1个纳税年度中间开业,或者终止经营活动,使该纳税年度的实际经营期不足12个月的,应当以其实际经营期为1个纳税年度。（　）

17. 企业的不征税收入用于支出所形成的费用,不得在计算应纳税所得额时扣除;企业的不征税收入用于支出所形成的资产,其计算的折旧、摊销不得在计算应纳税所得额时扣除。（　）

18. 企业职工因公出差乘坐交通工具发生的人身意外保险费支出,准予企业在计算应纳税所得额时扣除。（　）

19. 企业为在本企业任职或受雇的全体员工支付的补充养老保险费、补充医疗保险费,

不得在企业所得税税前扣除。 ( )

20. 企业从事花卉种植的所得,减半征收企业所得税。 ( )

四、计算题

1. 上海双喜运动有限公司为增值税一般纳税人,执行《企业会计准则》,2022年发生业务如下:与承租人A公司签订2年房屋租赁合同,租期是2022年7月1日到2024年6月30日,年租金60万元,合同约定2年租金提前在合同签订日一次性支付。根据税法规定,企业选择在合同签订日一次性确认收入。

要求:根据以上业务,填写A105020、A105000申报表。

附表一 A105020 未按权责发生制确认收入纳税调整明细表

行次	项目	合同金额(交易金额)	账载金额		税收金额		纳税调整金额
			本年	累计	本年	累计	
		1	2	3	4	5	6(4-2)
1	一、跨期收取的租金、利息、特许权使用费收入(2+3+4)						
2	(一)租金						
3	(二)利息						
4	(三)特许权使用费						
5	二、分期确认收入(6+7+8)						
6	(一)分期收款方式销售货物收入						
7	(二)持续时间超过12个月的建造合同收入						
8	(三)其他分期确认收入						
9	三、政府补助递延收入(10+11+12)						
10	(一)与收益相关的政府补助						
11	(二)与资产相关的政府补助						
12	(三)其他						
13	四、其他未按权责发生制确认收入						
14	合计(1+5+9+13)						

附表二　　　　　　　　A105000 纳税调整项目明细表

行次	项目	账载金额	税收金额	调增金额	调减金额
		1	2	3	4
1	一、收入类调整项目（2+3+…+8+10+11）	*	*		
2	（一）视同销售收入（填写 A105010）	*			*
3	（二）未按权责发生制原则确认的收入（填写 A105020）				
4	（三）投资收益（填写 A105030）				
5	（四）按权益法核算长期股权投资对初始投资成本调整确认收益	*	*	*	
6	（五）交易性金融资产初始投资调整	*	*		*
7	（六）公允价值变动净损益		*		
8	（七）不征税收入	*	*		
9	其中：专项用途财政性资金（填写 A105040）	*	*		
10	（八）销售折扣、折让和退回				
11	（九）其他				
12	二、扣除类调整项目（13+14+…+24+26+27+28+29+30）	*	*		
13	（一）视同销售成本（填写 A105010）	*		*	
14	（二）职工薪酬（填写 A105050）				
15	（三）业务招待费支出				*
16	（四）广告费和业务宣传费支出（填写 A105060）	*	*		
17	（五）捐赠支出（填写 A105070）				
18	（六）利息支出				
19	（七）罚金、罚款和被没收财物的损失		*		*
20	（八）税收滞纳金、加收利息		*		*
21	（九）赞助支出		*		*
22	（十）与未实现融资收益相关在当期确认的财务费用				
23	（十一）佣金和手续费支出（保险企业填写 A105060）				
24	（十二）不征税收入用于支出所形成的费用	*	*		*
25	其中：专项用途财政性资金用于支出所形成的费用（填写 A105040）	*	*		*
26	（十三）跨期扣除项目				

续表

行次	项目	账载金额 1	税收金额 2	调增金额 3	调减金额 4
27	（十四）与取得收入无关的支出		*		*
28	（十五）境外所得分摊的共同支出	*	*		*
29	（十六）党组织工作经费				
30	（十七）其他				
31	三、资产类调整项目（32+33+34+35）	*	*		
32	（一）资产折旧、摊销（填写A105080）				
33	（二）资产减值准备金		*		
34	（三）资产损失（填写A105090）				
35	（四）其他				
36	四、特殊事项调整项目（37+38+…+43）	*	*		
37	（一）企业重组及递延纳税事项（填写A105100）				
38	（二）政策性搬迁（填写A105110）	*	*		
39	（三）特殊行业准备金（填写A105120）				
40	（四）房地产开发企业特定业务计算的纳税调整额（填写A105010）	*			
41	（五）合伙企业法人合伙人应分得的应纳税所得额				
42	（六）发行永续债利息支出				
43	（七）其他	*	*		
44	五、特别纳税调整应税所得	*	*		
45	六、其他	*	*		
46	合计（1+12+31+36+44+45）	*	*		

2. 江苏某数码科技有限公司为增值税一般纳税人，2022年发生业务如下：

将自产的10台计算机用于目标脱贫地区公益性扶贫捐赠，该计算机的单位生产成本为4 000元，同期同类计算机单位销售价格为6 000元。账务处理如下：

借：营业外支出——捐赠支出　　　　　　　　　　　　　　　　　　47 800
　　贷：库存商品　　　　　　　　　　　　　　　　　　　　　　　　40 000
　　　　应交税费——应交增值税（销项税额）　　　　　　　　　　　 7 800

要求：根据以上业务，填写A105010、A105070、A105000申报表。

附表一 A105010 视同销售和房地产开发企业特定业务纳税调整明细表

行次	项目	税收金额	纳税调整金额
		1	2
1	一、视同销售(营业)收入(2+3+4+5+6+7+8+9+10)		
2	(一)非货币性资产交换视同销售收入		
3	(二)用于市场推广或销售视同销售收入		
4	(三)用于交际应酬视同销售收入		
5	(四)用于职工奖励或福利视同销售收入		
6	(五)用于股息分配视同销售收入		
7	(六)用于对外捐赠视同销售收入		
8	(七)用于对外投资项目视同销售收入		
9	(八)提供劳务视同销售收入		
10	(九)其他		
11	二、视同销售(营业)成本(12+13+14+15+16+17+18+19+20)		
12	(一)非货币性资产交换视同销售成本		
13	(二)用于市场推广或销售视同销售成本		
14	(三)用于交际应酬视同销售成本		
15	(四)用于职工奖励或福利视同销售成本		
16	(五)用于股息分配视同销售成本		
17	(六)用于对外捐赠视同销售成本		
18	(七)用于对外投资项目视同销售成本		
19	(八)提供劳务视同销售成本		
20	(九)其他		
21	三、房地产开发企业特定业务计算的纳税调整额(22-26)		
22	(一)房地产企业销售未完工开发产品特定业务计算的纳税调整额(24-25)		
23	1. 销售未完工产品的收入		*
24	2. 销售未完工产品预计毛利额		
25	3. 实际发生的税金及附加、土地增值税		
26	(二)房地产企业销售的未完工产品转完工产品特定业务计算的纳税调整额(28-29)		
27	1. 销售未完工产品转完工产品确认的销售收入		*
28	2. 转回的销售未完工产品预计毛利额		
29	3. 转回实际发生的税金及附加、土地增值税		

附表二　　A105070 捐赠支出及纳税调整明细表

行次	项目	账载金额	以前年度结转可扣除的捐赠额	按税收规定计算的扣除限额	税收金额	纳税调增金额	纳税调减金额	可结转以后年度扣除的捐赠额
		1	2	3	4	5	6	7
1	一、非公益性捐赠		*	*	*		*	*
2	二、全额扣除的公益性捐赠		*	*		*	*	*
3	其中：扶贫捐赠		*	*		*	*	*
4	三、限额扣除的公益性捐赠(5+6+7+8)							
5	前三年度(　　年)	*		*	*	*		*
6	前二年度(　　年)	*		*	*	*		
7	前一年度(2021年)	*		*	*			
8	本　　年(2022年)		*				*	
9	合计(1+2+4)							
附列资料	2015年度至本年发生的公益性扶贫捐赠合计金额		*	*	*	*	*	*

附表三　　A105000 纳税调整项目明细表

行次	项目	账载金额	税收金额	调增金额	调减金额
		1	2	3	4
1	一、收入类调整项目(2+3+…+8+10+11)	*	*		
2	（一）视同销售收入（填写 A105010）	*			*
3	（二）未按权责发生制原则确认的收入（填写 A105020）				
4	（三）投资收益（填写 A105030）				
5	（四）按权益法核算长期股权投资对初始投资成本调整确认收益	*	*	*	
6	（五）交易性金融资产初始投资调整	*			*
7	（六）公允价值变动净损益		*		
8	（七）不征税收入	*	*		
9	其中：专项用途财政性资金（填写 A105040）	*	*		
10	（八）销售折扣、折让和退回				
11	（九）其他				

续表

行次	项目	账载金额 1	税收金额 2	调增金额 3	调减金额 4
12	二、扣除类调整项目（13+14+…+24+26+27+28+29+30）	*	*		
13	（一）视同销售成本（填写A105010）	*		*	
14	（二）职工薪酬（填写A105050）				
15	（三）业务招待费支出				*
16	（四）广告费和业务宣传费支出（填写A105060）	*	*		
17	（五）捐赠支出（填写A105070）				
18	（六）利息支出				
19	（七）罚金、罚款和被没收财物的损失		*		*
20	（八）税收滞纳金、加收利息		*		*
21	（九）赞助支出		*		*
22	（十）与未实现融资收益相关在当期确认的财务费用				
23	（十一）佣金和手续费支出（保险企业填写A105060）				
24	（十二）不征税收入用于支出所形成的费用	*	*		*
25	其中：专项用途财政性资金用于支出所形成的费用（填写A105040）	*	*		*
26	（十三）跨期扣除项目				
27	（十四）与取得收入无关的支出		*		*
28	（十五）境外所得分摊的共同支出	*	*		*
29	（十六）党组织工作经费				
30	（十七）其他				
31	三、资产类调整项目（32+33+34+35）	*	*		
32	（一）资产折旧、摊销（填写A105080）				
33	（二）资产减值准备金		*		
34	（三）资产损失（填写A105090）				
35	（四）其他				
36	四、特殊事项调整项目（37+38+…+43）	*	*		
37	（一）企业重组及递延纳税事项（填写A105100）				
38	（二）政策性搬迁（填写A105110）	*	*		
39	（三）特殊行业准备金（填写A105120）				

续表

行次	项目	账载金额 1	税收金额 2	调增金额 3	调减金额 4
40	（四）房地产开发企业特定业务计算的纳税调整额（填写A105010）	*			
41	（五）合伙企业法人合伙人应分得的应纳税所得额				
42	（六）发行永续债利息支出				
43	（七）其他	*	*		
44	五、特别纳税调整应税所得	*	*		
45	六、其他	*	*		
46	合计（1+12+31+36+44+45）	*	*		

3. 南京金龙科创有限公司2017年2月、2022年9月分别从县科技主管部门取得技术改造专项资金，每年的专项资金支出情况详见下表。假设该专项资金符合不征税收入条件，且该企业已作为不征税收入处理，专项资金结余部分无须上缴相应资金拨付部门，留企业自行支配使用。企业将当年取得的财政性资金计入当期"营业外收入"核算。

单位：万元

纳税年度		2017年	2022年
当年取得的财政性资金		900.00	150.00
2017年资金使用情况	费用化支出	120.00	
	资本化支出	110.00	
2018年资金使用情况	费用化支出	100.00	
	资本化支出	90.00	
2019年资金使用情况	费用化支出	80.00	
	资本化支出	70.00	
2020年资金使用情况	费用化支出	60.00	
	资本化支出	50.00	
2021年资金使用情况	费用化支出	40.00	
	资本化支出	30.00	
2022年资金使用情况	费用化支出	20.00	70.00
	资本化支出	10.00	30.00

要求：根据以上业务，填写A105040、A105000申报表。

附表一　　　　　　　　　A105040 专项用途财政性资金纳税调整明细表

行次	项目	取得年度	财政性资金	其中：符合不征税收入条件的财政性资金		以前年度支出情况					本年支出情况		本年结余情况		
				金额	其中：计入本年损益的金额	前五年度	前四年度	前三年度	前二年度	前一年度	支出金额	其中：费用化支出金额	结余金额	其中：上缴财政金额	应计入本年应税收入金额
		1	2	3	4	5	6	7	8	9	10	11	12	13	14
1	前五年度														
2	前四年度					*									
3	前三年度					*	*								
4	前二年度					*	*	*							
5	前一年度					*	*	*	*						
6	本　年					*	*	*	*	*					
7	合计(1+2+…+6)	*				*	*	*	*	*					

附表二　　　　　　　　　A105000 纳税调整项目明细表

行次	项目	账载金额	税收金额	调增金额	调减金额
		1	2	3	4
1	一、收入类调整项目(2+3+…+8+10+11)	*	*		
2	（一）视同销售收入（填写 A105010）	*			*
3	（二）未按权责发生制原则确认的收入（填写 A105020）				
4	（三）投资收益（填写 A105030）				
5	（四）按权益法核算长期股权投资对初始投资成本调整确认收益	*	*	*	
6	（五）交易性金融资产初始投资调整	*	*		*
7	（六）公允价值变动净损益			*	
8	（七）不征税收入	*		*	
9	其中：专项用途财政性资金（填写 A105040）	*		*	
10	（八）销售折扣、折让和退回				
11	（九）其他				

续表

行次	项目	账载金额	税收金额	调增金额	调减金额
		1	2	3	4
12	二、扣除类调整项目(13+14+…+24+26+27+28+29+30)	*	*		
13	（一）视同销售成本（填写A105010）	*		*	
14	（二）职工薪酬（填写A105050）				
15	（三）业务招待费支出				*
16	（四）广告费和业务宣传费支出（填写A105060）	*	*		
17	（五）捐赠支出（填写A105070）				
18	（六）利息支出				
19	（七）罚金、罚款和被没收财物的损失		*		*
20	（八）税收滞纳金、加收利息		*		*
21	（九）赞助支出		*		*
22	（十）与未实现融资收益相关在当期确认的财务费用				
23	（十一）佣金和手续费支出（保险企业填写A105060）				
24	（十二）不征税收入用于支出所形成的费用	*	*		*
25	其中：专项用途财政性资金用于支出所形成的费用（填写A105040）	*	*		*
26	（十三）跨期扣除项目				
27	（十四）与取得收入无关的支出		*		*
28	（十五）境外所得分摊的共同支出	*			*
29	（十六）党组织工作经费				
30	（十七）其他				
31	三、资产类调整项目(32+33+34+35)	*	*		
32	（一）资产折旧、摊销（填写A105080）				
33	（二）资产减值准备金		*		
34	（三）资产损失（填写A105090）				
35	（四）其他				
36	四、特殊事项调整项目(37+38+…+43)	*	*		
37	（一）企业重组及递延纳税事项（填写A105100）				
38	（二）政策性搬迁（填写A105110）	*	*		
39	（三）特殊行业准备金（填写A105120）				

续表

行次	项目	账载金额	税收金额	调增金额	调减金额
		1	2	3	4
40	（四）房地产开发企业特定业务计算的纳税调整额（填写A105010）	*			
41	（五）合伙企业法人合伙人应分得的应纳税所得额				
42	（六）发行永续债利息支出				
43	（七）其他			*	*
44	五、特别纳税调整应税所得			*	*
45	六、其他			*	*
46	合计（1+12+31+36+44+45）			*	*

4. 苏州双喜电器制造有限公司为增值税一般纳税人，2022年发生业务如下：

（1）全年计提工资薪金2 000万元，在2022年度实际发放工资1 500万元，500万元年终奖在2023年3月发放。

（2）全年计提职工福利费280万元，实际发生职工福利费192万元。

（3）全年计提职工教育经费160万元，实际发生职工教育经费99万元，其中10万元为实际发生的职工培训费。以前年度结转可扣除职工教育经费金额为10万元。

（4）全年计提工会经费40万元，实际申报缴纳工会经费10万元，取得工会经费收入专用收据，公司工会实际发生工会经费15万元。

要求：根据以上业务，填写A105050申报表。

附表一　　A105050 职工薪酬支出及纳税调整明细表

行次	项目	账载金额	实际发生额	税收规定扣除率	以前年度累计结转扣除额	税收金额	纳税调整金额	累计结转以后年度扣除额
		1	2	3	4	5	6(1-5)	7(2+4-5)
1	一、工资薪金支出			*	*			*
2	其中：股权激励			*	*			*
3	二、职工福利费支出			14%	*			*
4	三、职工教育经费支出			*				
5	其中：按税收规定比例扣除的职工教育经费			8%				
6	按税收规定全额扣除的职工培训费用			100%	*			*

续表

行次	项目	账载金额	实际发生额	税收规定扣除率	以前年度累计结转扣除额	税收金额	纳税调整金额	累计结转以后年度扣除额
		1	2	3	4	5	6(1-5)	7(2+4-5)
7	四、工会经费支出			2%	*			*
8	五、各类基本社会保障性缴款			*	*			*
9	六、住房公积金			*	*			*
10	七、补充养老保险				*			*
11	八、补充医疗保险				*			*
12	九、其他			*	*			*
13	合计(1+3+4+7+8+9+10+11+12)			*				

5. 宿迁某电器制造有限公司为增值税一般纳税人,2022年发生业务如下:

(1) 全年取得销售收入4亿元,不包括应确认的视同销售收入1 000万元。

(2) 发生与生产经营活动相关的业务招待费400万元。

要求:根据以上业务,填写A105000申报表。

附表一　　　　　　　　　A105000 纳税调整项目明细表

行次	项目	账载金额	税收金额	调增金额	调减金额
		1	2	3	4
1	一、收入类调整项目(2+3+…+8+10+11)	*	*		
2	(一)视同销售收入(填写A105010)	*			*
3	(二)未按权责发生制原则确认的收入(填写A105020)				
4	(三)投资收益(填写A105030)				
5	(四)按权益法核算长期股权投资对初始投资成本调整确认收益	*	*	*	
6	(五)交易性金融资产初始投资调整	*	*		*
7	(六)公允价值变动净损益			*	
8	(七)不征税收入	*	*		
9	其中:专项用途财政性资金(填写A105040)	*	*		
10	(八)销售折扣、折让和退回				
11	(九)其他				

续表

行次	项目	账载金额 1	税收金额 2	调增金额 3	调减金额 4
12	二、扣除类调整项目(13+14+…+24+26+27+28+29+30)	*	*		
13	（一）视同销售成本（填写A105010）	*		*	
14	（二）职工薪酬（填写A105050）				
15	（三）业务招待费支出				*
16	（四）广告费和业务宣传费支出（填写A105060）	*	*		
17	（五）捐赠支出（填写A105070）				
18	（六）利息支出				
19	（七）罚金、罚款和被没收财物的损失		*		*
20	（八）税收滞纳金、加收利息		*		*
21	（九）赞助支出		*		*
22	（十）与未实现融资收益相关在当期确认的财务费用				
23	（十一）佣金和手续费支出（保险企业填写A105060）				
24	（十二）不征税收入用于支出所形成的费用	*	*		*
25	其中：专项用途财政性资金用于支出所形成的费用（填写A105040）	*	*		*
26	（十三）跨期扣除项目				
27	（十四）与取得收入无关的支出		*		*
28	（十五）境外所得分摊的共同支出	*	*		*
29	（十六）党组织工作经费				
30	（十七）其他				
31	三、资产类调整项目(32+33+34+35)	*	*		
32	（一）资产折旧、摊销（填写A105080）				
33	（二）资产减值准备金		*		
34	（三）资产损失（填写A105090）				
35	（四）其他				
36	四、特殊事项调整项目(37+38+…+43)	*	*		
37	（一）企业重组及递延纳税事项（填写A105100）				
38	（二）政策性搬迁（填写A105110）	*	*		
39	（三）特殊行业准备金（填写A105120）				

续表

行次	项目	账载金额 1	税收金额 2	调增金额 3	调减金额 4
40	（四）房地产开发企业特定业务计算的纳税调整额（填写A105010）	*			
41	（五）合伙企业法人合伙人应分得的应纳税所得额				
42	（六）发行永续债利息支出				
43	（七）其他	*	*		
44	五、特别纳税调整应税所得	*	*		
45	六、其他	*	*		
46	合计（1+12+31+36+44+45）	*	*		

6. 南京喜燕洗护用品有限公司为增值税一般纳税人，主营洗护用品生产销售业务，2022年发生业务如下：

（1）经审计，全年主营业务收入为15 000万元。其中，销售商品收入为12 000万元，提供劳务收入为3 000万元。

（2）经审计，全年其他业务收入为3 000万元。其中，销售材料收入为2 000万元，出租固定资产收入为600万元，出租包装物收入为400万元。

（3）经审计，全年用于职工奖励或福利视同销售收入为2 000万元，视同销售成本为1 500万元。

（4）经审计，债务重组利得为1 500万元。

（5）发生广告宣传费6 850万元，非广告性赞助支出150万元。

要求：根据以上业务，填写A101010、A105000、A105010申报表。

附表一　　　　　　　A101010 一般企业收入明细表

行次	项目	金额
1	一、营业收入(2+9)	
2	（一）主营业务收入(3+5+6+7+8)	
3	1. 销售商品收入	
4	其中：非货币性资产交换收入	
5	2. 提供劳务收入	
6	3. 建造合同收入	
7	4. 让渡资产使用权收入	
8	5. 其他	

续表

行次	项目	金额
9	（二）其他业务收入（10+12+13+14+15）	
10	1. 销售材料收入	
11	其中：非货币性资产交换收入	
12	2. 出租固定资产收入	
13	3. 出租无形资产收入	
14	4. 出租包装物和商品收入	
15	5. 其他	
16	二、营业外收入（17+18+19+20+21+22+23+24+25+26）	
17	（一）非流动资产处置利得	
18	（二）非货币性资产交换利得	
19	（三）债务重组利得	
20	（四）政府补助利得	
21	（五）盘盈利得	
22	（六）捐赠利得	
23	（七）罚没利得	
24	（八）确实无法偿付的应付款项	
25	（九）汇兑收益	
26	（十）其他	

附表二　　　　**A105000 纳税调整项目明细表**

行次	项目	账载金额	税收金额	调增金额	调减金额
		1	2	3	4
1	一、收入类调整项目（2+3+…+8+10+11）	*	*		
2	（一）视同销售收入（填写 A105010）	*			*
3	（二）未按权责发生制原则确认的收入（填写 A105020）				
4	（三）投资收益（填写 A105030）				
5	（四）按权益法核算长期股权投资对初始投资成本调整确认收益	*	*	*	
6	（五）交易性金融资产初始投资调整	*	*		*
7	（六）公允价值变动净损益		*		
8	（七）不征税收入	*	*		

续表

行次	项目	账载金额 1	税收金额 2	调增金额 3	调减金额 4
9	其中:专项用途财政性资金(填写A105040)	*	*		
10	(八)销售折扣、折让和退回				
11	(九)其他				
12	二、扣除类调整项目(13+14+…+24+26+27+28+29+30)	*	*		
13	(一)视同销售成本(填写A105010)	*		*	
14	(二)职工薪酬(填写A105050)				
15	(三)业务招待费支出				*
16	(四)广告费和业务宣传费支出(填写A105060)	*	*		
17	(五)捐赠支出(填写A105070)				
18	(六)利息支出				
19	(七)罚金、罚款和被没收财物的损失			*	*
20	(八)税收滞纳金、加收利息			*	*
21	(九)赞助支出			*	*
22	(十)与未实现融资收益相关在当期确认的财务费用				
23	(十一)佣金和手续费支出(保险企业填写A105060)				
24	(十二)不征税收入用于支出所形成的费用	*	*		*
25	其中:专项用途财政性资金用于支出所形成的费用(填写A105040)	*	*		*
26	(十三)跨期扣除项目				
27	(十四)与取得收入无关的支出			*	*
28	(十五)境外所得分摊的共同支出	*	*		
29	(十六)党组织工作经费				
30	(十七)其他				
31	三、资产类调整项目(32+33+34+35)	*	*		
32	(一)资产折旧、摊销(填写A105080)				
33	(二)资产减值准备金		*		
34	(三)资产损失(填写A105090)				
35	(四)其他				

续表

行次	项目	账载金额	税收金额	调增金额	调减金额
		1	2	3	4
36	四、特殊事项调整项目(37+38+…+43)	*	*		
37	(一)企业重组及递延纳税事项(填写A105100)				
38	(二)政策性搬迁(填写A105110)	*	*		
39	(三)特殊行业准备金(填写A105120)				
40	(四)房地产开发企业特定业务计算的纳税调整额(填写A105010)	*			
41	(五)合伙企业法人合伙人应分得的应纳税所得额				
42	(六)发行永续债利息支出				
43	(七)其他	*	*		
44	五、特别纳税调整应税所得	*	*		
45	六、其他	*	*		
46	合计(1+12+31+36+44+45)	*	*		

附表三 A105010 视同销售和房地产开发企业特定业务纳税调整明细表

行次	项目	税收金额	纳税调整金额
		1	2
1	一、视同销售(营业)收入(2+3+4+5+6+7+8+9+10)		
2	(一)非货币性资产交换视同销售收入		
3	(二)用于市场推广或销售视同销售收入		
4	(三)用于交际应酬视同销售收入		
5	(四)用于职工奖励或福利视同销售收入		
6	(五)用于股息分配视同销售收入		
7	(六)用于对外捐赠视同销售收入		
8	(七)用于对外投资项目视同销售收入		
9	(八)提供劳务视同销售收入		
10	(九)其他		
11	二、视同销售(营业)成本(12+13+14+15+16+17+18+19+20)		
12	(一)非货币性资产交换视同销售成本		
13	(二)用于市场推广或销售视同销售成本		
14	(三)用于交际应酬视同销售成本		

续表

行次	项目	税收金额	纳税调整金额
		1	2
15	（四）用于职工奖励或福利视同销售成本		
16	（五）用于股息分配视同销售成本		
17	（六）用于对外捐赠视同销售成本		
18	（七）用于对外投资项目视同销售成本		
19	（八）提供劳务视同销售成本		
20	（九）其他		
21	三、房地产开发企业特定业务计算的纳税调整额(22-26)		
22	（一）房地产企业销售未完工开发产品特定业务计算的纳税调整额（24-25）		
23	1. 销售未完工产品的收入		*
24	2. 销售未完工产品预计毛利额		
25	3. 实际发生的税金及附加、土地增值税		
26	（二）房地产企业销售的未完工产品转完工产品特定业务计算的纳税调整额(28-29)		
27	1. 销售未完工产品转完工产品确认的销售收入		*
28	2. 转回的销售未完工产品预计毛利额		
29	3. 转回实际发生的税金及附加、土地增值税		

7. 常州某信息技术有限公司为增值税一般纳税人,2022年发生业务如下：

（1）通过中国红十字会捐赠1 000万元,专用于医学技术研究,取得中国红十字会开具的公益性捐赠票据。

（2）通过镇政府捐赠400万元,用于建设希望小学。

（3）捐赠1 000万元,用于新疆阿克苏目标脱贫地区扶贫。

（4）2022年提供技术服务取得收入35 000万元,相关劳务成本25 000万元,会计利润为10 000万元。2021年度结转可扣除的捐赠额为100万元,2021年以前无捐赠业务。

要求：根据以上业务,填写A101010、A102010、A105000、A105070申报表。

附表一　　　　　　　　A101010 一般企业收入明细表

行次	项目	金额
1	一、营业收入(2+9)	
2	（一）主营业务收入(3+5+6+7+8)	
3	1. 销售商品收入	
4	其中：非货币性资产交换收入	

续表

行次	项目	金额
5	2. 提供劳务收入	
6	3. 建造合同收入	
7	4. 让渡资产使用权收入	
8	5. 其他	
9	(二) 其他业务收入 (10+12+13+14+15)	
10	1. 销售材料收入	
11	其中：非货币性资产交换收入	
12	2. 出租固定资产收入	
13	3. 出租无形资产收入	
14	4. 出租包装物和商品收入	
15	5. 其他	
16	二、营业外收入 (17+18+19+20+21+22+23+24+25+26)	
17	(一) 非流动资产处置利得	
18	(二) 非货币性资产交换利得	
19	(三) 债务重组利得	
20	(四) 政府补助利得	
21	(五) 盘盈利得	
22	(六) 捐赠利得	
23	(七) 罚没利得	
24	(八) 确实无法偿付的应付款项	
25	(九) 汇兑收益	
26	(十) 其他	

附表二　　A102010 一般企业成本支出明细表

行次	项目	金额
1	一、营业成本 (2+9)	
2	(一) 主营业务成本 (3+5+6+7+8)	
3	1. 销售商品成本	
4	其中：非货币性资产交换成本	
5	2. 提供劳务成本	
6	3. 建造合同成本	
7	4. 让渡资产使用权成本	

续表

行次	项目	金额
8	5.其他	
9	（二）其他业务成本（10+12+13+14+15）	
10	1.销售材料成本	
11	其中：非货币性资产交换成本	
12	2.出租固定资产成本	
13	3.出租无形资产成本	
14	4.包装物出租成本	
15	5.其他	
16	二、营业外成本（17+18+19+20+21+22+23+24+25+26）	
17	（一）非流动资产处置损失	
18	（二）非货币性资产交换损失	
19	（三）债务重组损失	
20	（四）非常损失	
21	（五）捐赠损失	
22	（六）赞助损失	
23	（七）罚没损失	
24	（八）坏账损失	
25	（九）无法收回的债券股权投资损失	
26	（十）其他	

附表三　　　　　　　　**A105000 纳税调整项目明细表**

行次	项目	账载金额	税收金额	调增金额	调减金额
		1	2	3	4
1	一、收入类调整项目（2+3+…+8+10+11）	*	*		
2	（一）视同销售收入（填写 A105010）	*			*
3	（二）未按权责发生制原则确认的收入（填写 A105020）				
4	（三）投资收益（填写 A105030）				
5	（四）按权益法核算长期股权投资对初始投资成本调整确认收益	*	*	*	
6	（五）交易性金融资产初始投资调整	*	*		*
7	（六）公允价值变动净损益		*		

续表

行次	项目	账载金额	税收金额	调增金额	调减金额
		1	2	3	4
8	（七）不征税收入	*	*		
9	其中：专项用途财政性资金（填写 A105040）	*	*		
10	（八）销售折扣、折让和退回				
11	（九）其他				
12	二、扣除类调整项目（13+14+…+24+26+27+28+29+30）	*	*		
13	（一）视同销售成本（填写 A105010）	*		*	
14	（二）职工薪酬（填写 A105050）				
15	（三）业务招待费支出				*
16	（四）广告费和业务宣传费支出（填写 A105060）	*	*		
17	（五）捐赠支出（填写 A105070）				
18	（六）利息支出				
19	（七）罚金、罚款和被没收财物的损失		*		*
20	（八）税收滞纳金、加收利息		*		*
21	（九）赞助支出		*		*
22	（十）与未实现融资收益相关在当期确认的财务费用				
23	（十一）佣金和手续费支出（保险企业填写 A105060）				
24	（十二）不征税收入用于支出所形成的费用	*	*		*
25	其中：专项用途财政性资金用于支出所形成的费用（填写 A105040）	*	*		*
26	（十三）跨期扣除项目				
27	（十四）与取得收入无关的支出		*		
28	（十五）境外所得分摊的共同支出	*	*		*
29	（十六）党组织工作经费				
30	（十七）其他				
31	三、资产类调整项目（32+33+34+35）	*	*		
32	（一）资产折旧、摊销（填写 A105080）				
33	（二）资产减值准备金		*		
34	（三）资产损失（填写 A105090）				
35	（四）其他				

续表

行次	项目	账载金额	税收金额	调增金额	调减金额
		1	2	3	4
36	四、特殊事项调整项目(37+38+…+43)	*	*		
37	(一)企业重组及递延纳税事项(填写A105100)				
38	(二)政策性搬迁(填写A105110)	*	*		
39	(三)特殊行业准备金(填写A105120)				
40	(四)房地产开发企业特定业务计算的纳税调整额(填写A105010)	*			
41	(五)合伙企业法人合伙人应分得的应纳税所得额				
42	(六)发行永续债利息支出				
43	(七)其他	*	*		
44	五、特别纳税调整应税所得	*	*		
45	六、其他	*	*		
46	合计(1+12+31+36+44+45)	*	*		

附表四　　　　**A105070 捐赠支出及纳税调整明细表**

行次	项目	账载金额	以前年度结转可扣除的捐赠额	按税收规定计算的扣除限额	税收金额	纳税调增金额	纳税调减金额	可结转以后年度扣除的捐赠额
		1	2	3	4	5	6	7
1	一、非公益性捐赠		*	*	*		*	*
2	二、全额扣除的公益性捐赠		*	*		*	*	*
3	其中:扶贫捐赠		*	*		*	*	*
4	三、限额扣除的公益性捐赠(5+6+7+8)							
5	前三年度(　　年)	*		*	*	*		*
6	前二年度(　　年)	*		*	*	*		*
7	前一年度(2021年)	*		*	*	*		*
8	本　年(2022年)		*				*	
9	合计(1+2+4)							
附列资料	2015年度至本年发生的公益性扶贫捐赠合计金额		*	*		*	*	*

8. 武汉某钢铁有限公司为增值税一般纳税人,2022年发生业务如下:

(1) 因少申报税款,被税务机关处以税收滞纳金4万元,罚款8万元。

(2) 因违反环境保护法被生态环境局处以行政罚款5万元。

(3) 公司车辆因交通违规被处以交通罚款0.2万元。

(4) 因产品质量问题被工商管理部门罚没商品一批,产品生产成本8万元。账务处理如下:

借:营业外支出——罚没支出　　　　　　　　　　　　　　　90 400
　　贷:库存商品　　　　　　　　　　　　　　　　　　　　80 000
　　　　应交税费——应交增值税(进项税额转出)　　　　　10 400

(5) 因经济合同未履行,支付乙公司违约金12万元。

(6) 因购买发票构成虚开发票等偷税行为,被税务机关处以罚金10万元。

要求:根据以上业务,填写A105000申报表。

附表一　　　　　　　　A105000 纳税调整项目明细表

行次	项目	账载金额 1	税收金额 2	调增金额 3	调减金额 4
1	一、收入类调整项目(2+3+…+8+10+11)	*	*		
2	(一)视同销售收入(填写A105010)	*			*
3	(二)未按权责发生制原则确认的收入(填写A105020)				
4	(三)投资收益(填写A105030)				
5	(四)按权益法核算长期股权投资对初始投资成本调整确认收益	*	*	*	
6	(五)交易性金融资产初始投资调整	*	*		*
7	(六)公允价值变动净损益		*		
8	(七)不征税收入	*	*		
9	其中:专项用途财政性资金(填写A105040)	*	*		
10	(八)销售折扣、折让和退回				
11	(九)其他				
12	二、扣除类调整项目(13+14+…+24+26+27+28+29+30)	*	*		
13	(一)视同销售成本(填写A105010)	*		*	
14	(二)职工薪酬(填写A105050)				
15	(三)业务招待费支出				*
16	(四)广告费和业务宣传费支出(填写A105060)	*	*		
17	(五)捐赠支出(填写A105070)				

续表

行次	项目	账载金额 1	税收金额 2	调增金额 3	调减金额 4
18	（六）利息支出				
19	（七）罚金、罚款和被没收财物的损失		*		*
20	（八）税收滞纳金、加收利息		*		*
21	（九）赞助支出		*		*
22	（十）与未实现融资收益相关在当期确认的财务费用				
23	（十一）佣金和手续费支出（保险企业填写A105060）				
24	（十二）不征税收入用于支出所形成的费用	*	*		*
25	其中：专项用途财政性资金用于支出所形成的费用（填写A105040）	*	*		*
26	（十三）跨期扣除项目				
27	（十四）与取得收入无关的支出		*		*
28	（十五）境外所得分摊的共同支出	*	*		*
29	（十六）党组织工作经费				
30	（十七）其他				
31	三、资产类调整项目（32+33+34+35）	*	*		
32	（一）资产折旧、摊销（填写A105080）				
33	（二）资产减值准备金		*		
34	（三）资产损失（填写A105090）				
35	（四）其他				
36	四、特殊事项调整项目（37+38+…+43）	*	*		
37	（一）企业重组及递延纳税事项（填写A105100）				
38	（二）政策性搬迁（填写A105110）	*	*		
39	（三）特殊行业准备金（填写A105120）				
40	（四）房地产开发企业特定业务计算的纳税调整额（填写A105010）	*			
41	（五）合伙企业法人合伙人应分得的应纳税所得额				
42	（六）发行永续债利息支出				
43	（七）其他	*	*		
44	五、特别纳税调整应税所得	*	*		
45	六、其他	*	*		
46	合计（1+12+31+36+44+45）	*	*		

9. 无锡某信息技术有限公司为增值税一般纳税人,执行《企业会计准则》,2022年发生业务如下:

(1) 2022年6月30日,购入一台不需要安装的电子设备,不含税价格为300万元,企业选择年限平均法计提折旧,会计折旧年限为3年,预计净残值为0。企业选择享受国家税务总局公告2018年第46号一次性税前扣除政策。

(2) 2022年利润总额为2 000万元(假设提供劳务收入为10 000万元,提供劳务成本为8 000万元)。

要求:根据以上业务,填写A105080申报表。

附表一　A105080 资产折旧、摊销及纳税调整明细表

行次	项目		账载金额			税收金额				纳税调整金额
		资产原值	本年折旧、摊销额	累计折旧、摊销额	资产计税基础	税收折旧、摊销额	享受加速折旧政策的资产按税收一般规定计算的折旧、摊销额	加速折旧、摊销统计额	累计折旧、摊销额	
		1	2	3	4	5	6	7=5-6	8	9(2-5)
1	一、固定资产(2+3+4+5+6+7)						*		*	
2	所有固定资产 (一) 房屋、建筑物						*		*	
3	(二) 飞机、火车、轮船、机器、机械和其他生产设置						*		*	
4	(三) 与生产经营活动有关的器具、工具、家具等						*		*	
5	(四) 飞机、火车、轮船以外的运输工具						*		*	
6	(五) 电子设备						*		*	
7	(六) 其他						*		*	
8	其中:享受固定资产加速折旧及一次性扣除政策的资产加速折旧额大于一般折旧额的部分 (一) 重要行业固定资产加速折旧(不含一次性扣除)									*
9	(二) 其他行业研发设备加速折旧									*
10	(三) 固定资产一次性扣除									*
11	(四) 技术进步、更新换代固定资产									*
12	(五) 常年强震动、高腐蚀固定资产									*
13	(六) 外购软件折旧									*
14	(七) 集成电路企业生产设置									*

续表

行次	项目	账载金额			税收金额					纳税调整金额
		资产原值	本年折旧、摊销额	累计折旧、摊销额	资产计税基础	税收折旧、摊销额	享受加速折旧政策的资产按税收一般规定计算的折旧、摊销额	加速折旧、摊销统计额	累计折旧、摊销额	
		1	2	3	4	5	6	7=5-6	8	9(2-5)
15	二、生产性生物资产(16+17)						*	*		
16	(一)林木类						*	*		
17	(二)畜类						*	*		
18	三、无形资产(19+20+21+22+23+24+25+27)						*	*		
19	(一)专利权						*	*		
20	(二)商标权						*	*		
21	(三)著作权						*	*		
22	(四)土地使用权						*	*		
23	(五)非专利技术						*	*		
24	(六)特许权使用费						*	*		
25	(七)软件						*	*		
26	其中:享受企业外购软件加速摊销政策									*
27	(八)其他						*	*		
28	四、长期待摊费用(29+30+31+32+33)						*	*		
29	(一)已定额提取折旧的固定资产的改建支出						*	*		
30	(二)租入固定资产的改建支出						*	*		
31	(三)固定资产的大修理支出						*	*		
32	(四)开办费						*	*		
33	(五)其他						*	*		
34	五、油气勘探投资						*	*		
35	六、油气开发投资						*	*		
36	合计(1+15+18+28+34+35)									
附列资料	全民所有制企业公司制改制资产评估增值政策资产						*			

10. 连云港双喜体育用品有限公司为增值税一般纳税人,执行《企业会计准则》,2022年发生业务如下:

(1)2022年实现会计利润1 000万元(假设销售商品收入10 000万元,销售商品成本9 000万元)。

(2)公司成立于2016年,近几年经营情况如下:

单位：万元

年度	2016	2017	2018	2019	2020	2021	2022
当年盈利额	-500.00	100.00	-150.00	350.00	-120.00	-230.00	1 000.00

要求：根据以上业务，填写 A101010、A102010、A106000、A100000 申报表。

附表一　　　　　　　　A101010 一般企业收入明细表

行次	项目	金额
1	一、营业收入(2+9)	
2	（一）主营业务收入(3+5+6+7+8)	
3	1. 销售商品收入	
4	其中：非货币性资产交换收入	
5	2. 提供劳务收入	
6	3. 建造合同收入	
7	4. 让渡资产使用权收入	
8	5. 其他	
9	（二）其他业务收入(10+12+13+14+15)	
10	1. 销售材料收入	
11	其中：非货币性资产交换收入	
12	2. 出租固定资产收入	
13	3. 出租无形资产收入	
14	4. 出租包装物和商品收入	
15	5. 其他	
16	二、营业外收入(17+18+19+20+21+22+23+24+25+26)	
17	（一）非流动资产处置利得	
18	（二）非货币性资产交换利得	
19	（三）债务重组利得	
20	（四）政府补助利得	
21	（五）盘盈利得	
22	（六）捐赠利得	
23	（七）罚没利得	
24	（八）确实无法偿付的应付款项	
25	（九）汇兑收益	
26	（十）其他	

附表二　　　　　　　　A102010 一般企业成本支出明细表

行次	项目	金额
1	一、营业成本（2+9）	
2	（一）主营业务成本（3+5+6+7+8）	
3	1.销售商品成本	
4	其中：非货币性资产交换成本	
5	2.提供劳务成本	
6	3.建造合同成本	
7	4.让渡资产使用权成本	
8	5.其他	
9	（二）其他业务成本（10+12+13+14+15）	
10	1.销售材料成本	
11	其中：非货币性资产交换成本	
12	2.出租固定资产成本	
13	3.出租无形资产成本	
14	4.包装物出租成本	
15	5.其他	
16	二、营业外支出（17+18+19+20+21+22+23+24+25+26）	
17	（一）非流动资产处置损失	
18	（二）非货币性资产交换损失	
19	（三）债务重组损失	
20	（四）非常损失	
21	（五）捐赠支出	
22	（六）赞助支出	
23	（七）罚没支出	
24	（八）坏账损失	
25	（九）无法收回的债券股权投资损失	
26	（十）其他	

附表三　　A106000 企业所得税弥补亏损明细表

行次	项目	年度	当年境内所得额	分立转出的亏损额	合并、分立转入的亏损额		弥补亏损企业类型	当年亏损额	当年待弥补的亏损额	用本年度所得额弥补的以前年度亏损额		当年可结转以后年度弥补的亏损额
					可弥补年限5年	可弥补年限10年				使用境内所得弥补	使用境外所得弥补	
			1	2	3	4	5	6	7	8	9	10	11
1	前十年度	2012										
2	前九年度	2013										
3	前八年度	2014										
4	前七年度	2015										
5	前六年度	2016										
6	前五年度	2017										
7	前四年度	2018										
8	前三年度	2019										
9	前二年度	2020										
10	前一年度	2021										
11	本年度	2022										
12	可结转以后年度弥补的亏损额合计											

附表四　　A100000 中华人民共和国企业所得税年度纳税申报表（A 类）

行次	类别	项目	金额
1	利润总额计算	一、营业收入（填写 A101010\101020\103000）	
2		减：营业成本（填写 A102010\102020\103000）	
3		减：税金及附加	
4		减：销售费用（填写 A104000）	
5		减：管理费用（填写 A104000）	
6		减：财务费用（填写 A104000）	
7		减：资产减值损失	
8		加：公允价值变动收益	
9		加：投资收益	
10		二、营业利润（1-2-3-4-5-6-7+8+9）	
11		加：营业外收入（填写 A101010\101020\103000）	
12		减：营业外支出（填写 A102010\102020\103000）	
13		三、利润总额（10+11-12）	

续表

行次	类别	项目	金额
14	应纳税所得额计算	减：境外所得（填写A108010）	
15		加：纳税调整增加额（填写A105000）	
16		减：纳税调整减少额（填写A105000）	
17		减：免税、减计收入及加计扣除（填写A107010）	
18		加：境外应税所得抵减境内亏损（填写A108000）	
19		四、纳税调整后所得（13-14+15-16-17+18）	
20		减：所得减免（填写A107020）	
21		减：弥补以前年度亏损（填写A106000）	
22		减：抵扣应纳税所得额（填写A107030）	
23		五、应纳税所得额（19-20-21-22）	
24	应纳税额计算	税率（25%）	
25		六、应纳所得税额（23×24）	
26		减：减免所得税额（填写A107040）	
27		减：抵免所得税额（填写A107050）	
28		七、应纳税额（25-26-27）	
29		加：境外所得应纳所得税额（填写A108000）	
30		减：境外所得抵免所得税额（填写A108000）	
31		八、实际应纳所得税额（28+29-30）	
32		减：本年累计实际已缴纳的所得税额	
33		九、本年应补（退）所得税额（31-32）	
34		其中：总机构分摊本年应补（退）所得税额（填写A109000）	
35		财政集中分配本年应补（退）所得税额（填写A109000）	
36		总机构主体生产经营部门分摊本年应补（退）所得税额（填写A109000）	

11. 北京某黄酒有限公司为增值税一般纳税人，执行《企业会计准则》，2022年发生业务如下：

2019年7月1日，购入面值为200万元的3年期国债，票面利率为4%，到期一次还本付息。2022年6月30日，收到本金200万元，利息24万元。

要求：根据以上业务，填写2022年A105020、A105000、A107010申报表。

附表一　　A105020 未按权责发生制确认收入纳税调整明细表

行次	项目	合同金额（交易金额）	账载金额 本年	账载金额 累计	税收金额 本年	税收金额 累计	纳税调整金额
		1	2	3	4	5	6(4-2)
1	一、跨期收取的租金、利息、特许权使用费收入（2+3+4）						
2	（一）租金						
3	（二）利息						
4	（三）特许权使用费						
5	二、分期确认收入（6+7+8）						
6	（一）分期收款方式销售货物收入						
7	（二）持续时间超过12个月的建造合同收入						
8	（三）其他分期确认收入						
9	三、政府补助递延收入（10+11+12）						
10	（一）与收益相关的政府补助						
11	（二）与资产相关的政府补助						
12	（三）其他						
13	四、其他未按权责发生制确认收入						
14	合计（1+5+9+13）						

附表二　　A105000 纳税调整项目明细表

行次	项目	账载金额	税收金额	调增金额	调减金额
		1	2	3	4
1	一、收入类调整项目（2+3+…+8+10+11）	*	*		
2	（一）视同销售收入（填写A105010）	*			*
3	（二）未按权责发生制原则确认的收入（填写A105020）				
4	（三）投资收益（填写A105030）				
5	（四）按权益法核算长期股权投资对初始投资成本调整确认收益	*	*	*	
6	（五）交易性金融资产初始投资调整	*	*		*
7	（六）公允价值变动净损益		*		

续表

行次	项目	账载金额	税收金额	调增金额	调减金额
		1	2	3	4
8	（七）不征税收入	*	*		
9	其中：专项用途财政性资金（填写A105040）	*	*		
10	（八）销售折扣、折让和退回				
11	（九）其他				
12	二、扣除类调整项目（13+14+…+24+26+27+28+29+30）	*	*		
13	（一）视同销售成本（填写A105010）	*		*	
14	（二）职工薪酬（填写A105050）				
15	（三）业务招待费支出				*
16	（四）广告费和业务宣传费支出（填写A105060）	*	*		
17	（五）捐赠支出（填写A105070）				
18	（六）利息支出				
19	（七）罚金、罚款和被没收财物的损失		*		*
20	（八）税收滞纳金、加收利息		*		*
21	（九）赞助支出		*		*
22	（十）与未实现融资收益相关在当期确认的财务费用				
23	（十一）佣金和手续费支出（保险企业填写A105060）				
24	（十二）不征税收入用于支出所形成的费用	*	*		*
25	其中：专项用途财政性资金用于支出所形成的费用（填写A105040）	*	*		*
26	（十三）跨期扣除项目				
27	（十四）与取得收入无关的支出		*		*
28	（十五）境外所得分摊的共同支出	*	*		*
29	（十六）党组织工作经费				
30	（十七）其他				
31	三、资产类调整项目（32+33+34+35）	*	*		
32	（一）资产折旧、摊销（填写A105080）				

续表

行次	项目	账载金额	税收金额	调增金额	调减金额
		1	2	3	4
33	（二）资产减值准备金		*		
34	（三）资产损失（填写 A105090）				
35	（四）其他				
36	四、特殊事项调整项目（37+38+…+43）	*	*		
37	（一）企业重组及递延纳税事项（填写 A105100）				
38	（二）政策性搬迁（填写 A105110）	*	*		
39	（三）特殊行业准备金（填写 A105120）				
40	（四）房地产开发企业特定业务计算的纳税调整额（填写 A105010）	*			
41	（五）合伙企业法人合伙人应分得的应纳税所得额				
42	（六）发行永续债利息支出				
43	（七）其他	*	*		
44	五、特别纳税调整应税所得	*	*		
45	六、其他	*	*		
46	合计（1+12+31+36+44+45）	*	*		

附表三 A107010 免税、减计收入及加计扣除优惠明细表

行次	项目	金额
1	一、免税收入（2+3+9+…+16）	
2	（一）国债利息收入免征企业所得税	
3	（二）符合条件的居民企业之间的股息、红利等权益性投资收益免征企业所得税（4+5+6+7+8）	
4	1. 一般股息红利等权益性投资收益免征企业所得税（填写 A107011）	
5	2. 内地居民企业通过沪港通投资且连续持有 H 股满 12 个月取得的股息红利所得免征企业所得税（填写 A107011）	
6	3. 内地居民企业通过深港通投资且连续持有 H 股满 12 个月取得的股息红利所得免征企业所得税（填写 A107011）	
7	4. 居民企业持有创新企业 CDR 取得的股息红利所得免征企业所得税（填写 A107011）	
8	5. 符合条件的永续债利息收入免征企业所得税（填写 A107011）	
9	（三）符合条件的非营利组织的收入免征企业所得税	

续表

行次	项目	金额
10	（四）中国清洁发展机制基金取得的收入免征企业所得税	
11	（五）投资者从证券投资基金分配中取得的收入免征企业所得税	
12	（六）取得的地方政府债券利息收入免征企业所得税	
13	（七）中国保险保障基金有限责任公司取得的保险保障基金等收入免征企业所得税	
14	（八）中国奥委会取得北京冬奥组委支付的收入免征企业所得税	
15	（九）中国残奥委会取得北京冬奥组委分期支付的收入免征企业所得税	
16	（十）其他	
17	二、减计收入（18+19+23+24）	
18	（一）综合利用资源生产产品取得的收入在计算应纳税所得额时减计收入	
19	（二）金融、保险等机构取得的涉农利息、保费减计收入（20+21+22）	
20	1. 金融机构取得的涉农贷款利息收入在计算应纳税所得额时减计收入	
21	2. 保险机构取得的涉农保费收入在计算应纳税所得额时减计收入	
22	3. 小额贷款公司取得的农户小额贷款利息收入在计算应纳税所得额时减计收入	
23	（三）取得铁路债券利息收入减半征收企业所得税	
24	（四）其他（24.1+24.2）	
24.1	1. 取得的社区家庭服务收入在计算应纳税所得额时减计收入	
24.2	2. 其他	
25	三、加计扣除（26+27+28+29+30）	
26	（一）开发新技术、新产品、新工艺发生的研究开发费用加计扣除（填写A107012）	
27	（二）科技型中小企业开发新技术、新产品、新工艺发生的研究开发费用加计扣除（填写A107012）	
28	（三）企业为获得创新性、创意性、突破性的产品进行创意设计活动而发生的相关费用加计扣除	
29	（四）安置残疾人员所支付的工资加计扣除	
30	（五）其他	
31	合计（1+17+25）	

12. 辽宁某农业有限公司从事蔬菜和花卉种植，不同项目收入成本能够合理划分。2022年发生业务如下：

（1）销售蔬菜，取得营业收入6 000万元，发生营业成本4 000万元。

（2）销售花卉，取得营业收入8 000万元，发生营业成本5 000万元。

（3）全年发生管理费用600万元，销售费用520万元，均为职工薪酬。未发生其他相关税金及附加。

企业选择按照收入比例分摊相关费用,无纳税调整项目。

要求:根据以上业务,填写 A101010、A102010、A104000、A107020、A100000 申报表。

附表一　　　　　　　　　A101010 一般企业收入明细表

行次	项目	金额
1	一、营业收入(2+9)	
2	（一）主营业务收入(3+5+6+7+8)	
3	1. 销售商品收入	
4	其中:非货币性资产交换收入	
5	2. 提供劳务收入	
6	3. 建造合同收入	
7	4. 让渡资产使用权收入	
8	5. 其他	
9	（二）其他业务收入(10+12+13+14+15)	
10	1. 销售材料收入	
11	其中:非货币性资产交换收入	
12	2. 出租固定资产收入	
13	3. 出租无形资产收入	
14	4. 出租包装物和商品收入	
15	5. 其他	
16	二、营业外收入(17+18+19+20+21+22+23+24+25+26)	
17	（一）非流动资产处置利得	
18	（二）非货币性资产交换利得	
19	（三）债务重组利得	
20	（四）政府补助利得	
21	（五）盘盈利得	
22	（六）捐赠利得	
23	（七）罚没利得	
24	（八）确实无法偿付的应付款项	
25	（九）汇兑收益	
26	（十）其他	

附表二　　　　　　　　A102010 一般企业成本支出明细表

行次	项目	金额
1	一、营业成本(2+9)	
2	（一）主营业务成本（3+5+6+7+8）	
3	1. 销售商品成本	
4	其中：非货币性资产交换成本	
5	2. 提供劳务成本	
6	3. 建造合同成本	
7	4. 让渡资产使用权成本	
8	5. 其他	
9	（二）其他业务成本（10+12+13+14+15）	
10	1. 销售材料成本	
11	其中：非货币性资产交换成本	
12	2. 出租固定资产成本	
13	3. 出租无形资产成本	
14	4. 包装物出租成本	
15	5. 其他	
16	二、营业外成本（17+18+19+20+21+22+23+24+25+26）	
17	（一）非流动资产处置损失	
18	（二）非货币性资产交换损失	
19	（三）债务重组损失	
20	（四）非常损失	
21	（五）捐赠损失	
22	（六）赞助损失	
23	（七）罚没损失	
24	（八）坏账损失	
25	（九）无法收回的债券股权投资损失	
26	（十）其他	

附表三   A104000 期间费用明细表

行次	项目	销售费用	其中：境外支付	管理费用	其中：境外支付	财务费用	其中：境外支付
		1	2	3	4	5	6
1	一、职工薪酬		*		*	*	*
2	二、劳务费					*	*
3	三、咨询顾问费					*	*
4	四、业务招待费		*		*	*	*
5	五、广告费和业务宣传费		*		*	*	*
6	六、佣金和手续费						
7	七、资产折旧摊销费		*		*	*	*
8	八、财产损耗、盘亏及毁损损失		*		*	*	*
9	九、办公费		*		*	*	*
10	十、董事会费		*		*	*	*
11	十一、租赁费					*	*
12	十二、诉讼费		*		*	*	*
13	十三、差旅费		*		*	*	*
14	十四、保险费		*		*	*	*
15	十五、运输、仓储费					*	*
16	十六、修理费					*	*
17	十七、包装费		*		*	*	*
18	十八、技术转让费					*	*
19	十九、研究费用					*	*
20	二十、各项税费		*		*	*	*
21	二十一、利息收支	*	*	*	*		
22	二十二、汇兑差额	*	*	*	*		
23	二十三、现金折扣	*	*	*			*
24	二十四、党组织工作经费	*	*	*	*	*	*
25	二十五、其他						
26	合计(1+2+3+…+25)						

附表四　　　　　　　　　　**A107020 所得减免优惠明细表**

行次	减免项目	项目名称	优惠事项名称	优惠方式	项目收入	项目成本	相关税费	应分摊期间费用	纳税调整额	项目所得额		减免所得额
										免税项目	减半项目	
		1	2	3	4	5	6	7	8	9	10	11(9+10×50%)
1	一、农、林、牧、渔业项目											
2												
3		小计	*	*								
4	二、国家重点扶持的公共基础设施项目											
5												
6		小计	*	*								
7	三、符合条件的环境保护、节能节水项目											
8												
9		小计	*	*								
10	四、符合条件的技术转让项目		*	*						*	*	*
11			*	*						*	*	*
12		小计	*	*								
13	五、清洁发展机制项目		*									
14			*									
15		小计	*	*								
16	六、符合条件的节能服务公司实施的合同能源管理项目		*									
17			*									
18		小计	*	*								
19	七、线宽小于130纳米的集成电路生产项目		*									
20			*									
21		小计	*	*								
22	八、线宽小于65纳米或投资额超过150亿元的集成电路生产项目		*									
23			*									
24		小计	*	*								
25	九、其他											
26												
27		小计	*	*								
28	合计	*	*	*								

附表五　A100000 中华人民共和国企业所得税年度纳税申报表(A类)

行次	类别	项目	金额
1	利润总额计算	一、营业收入(填写 A101010\101020\103000)	
2		减：营业成本(填写 A102010\102020\103000)	
3		减：税金及附加	
4		减：销售费用(填写 A104000)	
5		减：管理费用(填写 A104000)	
6		减：财务费用(填写 A104000)	
7		减：资产减值损失	
8		加：公允价值变动收益	
9		加：投资收益	
10		二、营业利润(1-2-3-4-5-6-7+8+9)	
11		加：营业外收入(填写 A101010\101020\103000)	
12		减：营业外支出(填写 A102010\102020\103000)	
13		三、利润总额(10+11-12)	
14	应纳税所得额计算	减：境外所得(填写 A108010)	
15		加：纳税调整增加额(填写 A105000)	
16		减：纳税调整减少额(填写 A105000)	
17		减：免税、减计收入及加计扣除(填写 A107010)	
18		加：境外应税所得抵减境内亏损(填写 A108000)	
19		四、纳税调整后所得(13-14+15-16-17+18)	
20		减：所得减免(填写 A107020)	
21		减：弥补以前年度亏损(填写 A106000)	
22		减：抵扣应纳税所得额(填写 A107030)	
23		五、应纳税所得额(19-20-21-22)	
24	应纳税额计算	税率(25%)	
25		六、应纳所得税额(23×24)	
26		减：减免所得税额(填写 A107040)	
27		减：抵免所得税额(填写 A107050)	
28		七、应纳税额(25-26-27)	
29		加：境外所得应纳所得税额(填写 A108000)	
30		减：境外所得抵免所得税额(填写 A108000)	

续表

行次	类别	项目	金额
31	应纳税额计算	八、实际应纳所得税额(28+29-30)	
32		减:本年累计实际已缴纳的所得税额	
33		九、本年应补(退)所得税额(31-32)	
34		其中:总机构分摊本年应补(退)所得税额(填写A109000)	
35		财政集中分配本年应补(退)所得税额(填写A109000)	
36		总机构主体生产经营部门分摊本年应补(退)所得税额(填写A109000)	

五、实训题

苏州绿科信息科技有限公司于2021年6月30日被认定为高新技术企业,2022年发生业务如下:

(1) 本年企业总收入10 000万元,销售(营业)收入9 650万元。本年高新技术产品(服务)收入8 000万元,其中产品(服务)收入6 000万元、技术性收入2 000万元。

(2) 从事研发和相关技术创新活动的科技人员数750人,本年职工总数1 200人。

(3) 本年按照高新技术企业研发费用归集口径,内部研究开发投入达到5 000万元,其中人员人工费用1 500万元、直接投入费用1 000万元、折旧费用与长期待摊费用400万元、设计费用300万元、装备调试费400万元、无形资产摊销费用300万元、其他费用1 100万元;委托外部研究开发费用250万元,其中境内的外部研发费为180万元、境外的外部研发费为70万元。无其他年度研发费用。

(4) 本年应纳税所得额为3 200万元,不涉及以前年度亏损弥补。

高新技术领域为"一、电子信息 (一)软件 1. 系统软件",本年未发生违法行为。

要求:根据以上业务,填写A107041、A107040申报表。

附表一　　　　A107041 高新技术企业优惠情况及明细表

	税收优惠基本信息			
1	企业主要产品(服务)发挥核心支持作用的技术所属范围	国家重点支持的高新技术领域	一级领域	
2			二级领域	
3			三级领域	

续表

		税收优惠有关情况				
4	收入指标	一、本年高新技术产品（服务）收入（5+6）				
5		其中：产品（服务）收入				
6		技术性收入				
7		二、本年企业总收入（8-9）				
8		其中：收入总额				
9		不征税收入				
10		三、本年高新技术产品（服务）收入占企业总收入的比例（4÷7）				
11	人员指标	四、本年科技人员数				
12		五、本年职工总数				
13		六、本年科技人员占企业当年职工总数的比例（11÷12）				
14	研发费用指标	高新研发费用归集年度	本年度	前一年度	前二年度	合计
			1	2	3	4
15		七、归集的高新研发费用金额（16+25）				
16		（一）内部研究开发投入（17+…+22+24）				
17		1. 人员人工费用				
18		2. 直接投入费用				
19		3. 折旧费用与长期待摊费用				
20		4. 无形资产摊销费用				
21		5. 设计费用				
22		6. 装备调试费与实验费用				
23		7. 其他费用				
24		其中：可计入研发费用的其他费用				
25		（二）委托外部研发费用〔（26+28）×80%〕				
26		1. 境内的外部研发费				
27		2. 境外的外部研发费				
28		其中：可计入研发费用的境外的外部研发费				
29		八、销售（营业）收入				
30		九、三年研发费用占销售（营业）收入的比例（15行4列÷29行4列）				
31	减免税额	十、国家需要重点扶持的高新技术企业减征企业所得税				
32		十一、经济特区和上海浦东新区新设立的高新技术企业定期减免税额				

附表二   **A107040 减免所得税优惠明细表**

行次	项目	金额
1	一、符合条件的小型微利企业减免企业所得税	
2	二、国家需要重点扶持的高新技术企业减按15%的税率征收企业所得税（填写A107041）	
3	三、经济特区和上海浦东新区新设立的高新技术企业在区内取得的所得定期减免企业所得税（填写A107041）	
4	四、受灾地区农村信用社免征企业所得税	
5	五、动漫企业自主开发、生产动漫产品定期减免企业所得税	
6	六、线宽小于0.8微米（含）的集成电路生产企业减免企业所得税（填写A107042）	
7	七、线宽小于0.25微米的集成电路生产企业减按15%的税率征收企业所得税（填写A107042）	
8	八、投资额超过80亿元的集成电路生产企业减按15%的税率征收企业所得税（填写A107042）	
9	九、线宽小于0.25微米的集成电路生产企业减免企业所得税（填写A107042）	
10	十、投资额超过80亿元的集成电路生产企业减免企业所得税（填写A107042）	
11	十一、新办集成电路设计企业减免企业所得税（填写A107042）	
12	十二、国家规划布局内集成电路设计企业可减按10%的税率征收企业所得税（填写A107042）	
13	十三、符合条件的软件企业减免企业所得税（填写A107042）	
14	十四、国家规划布局内重点软件企业可减按10%的税率征收企业所得税（填写A107042）	
15	十五、符合条件的集成电路封装、测试企业定期减免企业所得税（填写A107042）	
16	十六、符合条件的集成电路关键专用材料生产企业、集成电路专用设备生产企业定期减免企业所得税（填写A107042）	
17	十七、经营性文化事业单位转制为企业的免征企业所得税	
18	十八、符合条件的生产和装配伤残人员专门用品企业免征企业所得税	
19	十九、技术先进型服务企业（服务外包类）减按15%的税率征收企业所得税	
20	二十、技术先进型服务企业（服务贸易类）减按15%的税率征收企业所得税	
21	二十一、设在西部地区的鼓励类产业企业减按15%的税率征收企业所得税	
22	二十二、新疆困难地区新办企业定期减免企业所得税	
23	二十三、新疆喀什、霍尔果斯特殊经济开发区新办企业定期免征企业所得税	
24	二十四、广东横琴、福建平潭、深圳前海等地区的鼓励类产业企业减按15%的税率征收企业所得税	
25	二十五、北京冬奥组委、北京冬奥会测试赛赛事组委会免征企业所得税	

续表

行次	项目	金额
26	二十六、线宽小于130纳米的集成电路生产企业减免企业所得税(填写A107042)	
27	二十七、线宽小于65纳米或投资额超过150亿元的集成电路生产企业减免企业所得税(填写A107042)	
28	二十八、其他(28.1+28.2+28.3)	
28.1	(一)从事污染防治的第三方企业减按15%的税率征收企业所得税	
28.2	(二)其他1	
28.3	(三)其他2	
29	二十九、减:项目所得额按法定税率减半征收企业所得税叠加享受减免税优惠	
30	三十、支持和促进重点群体创业就业企业限额减征企业所得税(30.1+30.2)	
30.1	(一)企业招用建档立卡贫困人口就业扣减企业所得税	
30.2	(二)企业招用登记失业半年以上人员就业扣减企业所得税	
31	三十一、扶持自主就业退役士兵创业就业企业限额减征企业所得税	
32	三十二、民族自治地方的自治机关对本民族自治地方的企业应缴纳的企业所得税中属于地方分享的部分减征或免征(□免征□减征:减征幅度_____%)	
33	合计(1+2+…+28−29+30+31+32)	

项目五

个人所得税的计算与申报

一、单项选择题

1. 居民个人取得综合所得,需要办理汇算清缴的,应当在取得所得的一定期间内办理汇算清缴。该期间为( )。
   A. 次年1月1日至3月31日
   B. 次年1月1日至6月30日
   C. 次年3月1日至6月30日
   D. 次年3月1日至5月31日

2. 根据个人所得税法律制度的规定,我国个人所得税的征收方式主要是( )。
   A. 代扣代缴
   B. 委托代征
   C. 自行纳税申报
   D. 代扣代缴和自行纳税申报

3. 张某2023年3月购买福利彩票获得奖金9 000元,领奖时发生交通费50元、食宿费20元(均由张某承担)。已知偶然所得适用的个人所得税税率为20%。张某中奖收入应缴纳的个人所得税税额是( )。
   A. 0
   B. 9 000×20% = 1 800(元)
   C. (9 000-50)×20% = 1 790(元)
   D. (9 000-50-20)×20% = 1 786(元)

4. 根据个人所得税法律制度的规定,下列各项,不属于个人所得税免税项目的是( )。
   A. 个人办理代扣代缴手续,按规定取得的扣缴手续费
   B. 军人的转业费、复员费
   C. 被拆迁人取得的拆迁补偿款
   D. 获得县级体育比赛一等奖奖金

5. 下列关于财产租赁所得应纳税额计算的说法,不正确的是( )。
   A. 个人出租房屋的个人所得税应税收入不含增值税
   B. 计算房屋出租所得时,可扣除的税费中不包括本次出缴纳的增值税
   C. 个人转租房屋的,其向房屋出租方支付的租金,在计算转租所得时予以扣除
   D. 个人转租房屋的,其向房屋出租方支付的增值税税额,在计算转租所得时不得扣除

6. 2022年12月,刘某获得A上市公司派发的现金股利10 000元。该股票为2022年9月购入。适用税率为20%。下列关于刘某获得的股利应缴纳个人所得税的计算,正确的是( )。

  A. 10 000×50%×20%＝1 000(元)

  B. 10 000×20%＝2 000(元)

  C. 0

  D. 10 000×50%×20%÷2＝500(元)

7. 根据个人所得税法律制度的规定,下列所得中,"次"的使用错误的是( )。

  A. 非居民纳税人为房地产企业设计图纸取得的收入,以每次提供劳务取得的收入为一次

  B. 利息所得,以一个月内取得的收入为一次

  C. 房屋租赁所得,以一个月内取得的收入为一次

  D. 偶然所得,以每次取得的收入为一次

8. 李某(非居民纳税人)取得一次提供劳务的报酬所得3 000元,其通过民政局向某灾区全部捐赠。下列关于李某取得该次劳务报酬所得应缴纳个人所得税的表述,正确的是( )。

  A. 可以在税前扣除3 000元的捐赠,因此不再需要缴纳个人所得税

  B. 可以在税前扣除2 400元的捐赠,因此不再需要缴纳个人所得税

  C. 可以在税前扣除720元的捐赠,因此仍需要缴纳个人所得税

  D. 可以在税前扣除660元的捐赠,因此仍需要缴纳个人所得税

9. 某个人独资企业2023年的销售收入为5 000万元,实际支出的业务招待费为40万元。根据个人所得税法律制度的规定,在计算应纳税所得额时允许扣除的业务招待费是( )。

  A. 18万元   B. 24万元

  C. 25万元   D. 30万元

10. 某保险代理人张某2023年3月与北京某家保险公司签约,提供兼职代理业务,其5月取得佣金收入5万元、奖励费收入1万元,支付地方税费及附加2 500元。下列关于张某取得佣金收入缴纳个人所得税的说法,正确的是( )。

  A. 张某的佣金收入应按照"工资薪金所得"计算征税

  B. 张某取得奖励费收入并非佣金,因此不缴纳个人所得税

  C. 张某支付的地方税费及附加,可以在计算个人所得税时扣除

  D. 张某在税前扣除的展业成本,为佣金收入5万元的25%

11. 根据个人所得税法律制度的规定,受赠人转让无偿受赠房屋取得的所得适用的税目是( )。

  A. 偶然所得   B. 劳务报酬所得

  C. 免征个人所得税   D. 财产转让所得

12. 作家刘某2022年12月从某电视剧制作中心取得剧本使用费50 000元。下列关于刘某该项收入计缴个人所得税的表述,正确的是( )。

A. 应按"稿酬所得"项目计缴个人所得税

B. 应按"工资薪金所得"项目计缴个人所得税

C. 应按"劳务报酬所得"项目计缴个人所得税

D. 应按"特许权使用费所得"项目计缴个人所得税

13. 根据个人所得税法律制度的规定,下列各项,不属于劳务报酬所得的是( )。

A. 个人举办展览活动的所得

B. 个人雕刻业务所得

C. 个人担任公司董事长所取得的收入

D. 个人应邀为大学做学术报告所取得的收入

14. 根据个人所得税法律制度的规定,下列各项,属于工资薪金所得的是( )。

A. 劳动分红 B. 托儿补助费
C. 独生子女补贴 D. 误餐补助

15. 根据个人所得税法律制度的规定,下列各项,不属于个人所得税纳税人的是( )。

A. 个人独资企业的投资者个人 B. 一人有限责任公司
C. 个体工商户 D. 合伙企业中的自然人合伙人

16. 根据个人所得税法律制度的规定,下列在中国境内无住所但取得所得的外籍个人,不属于居民个人的是( )。

A. 怀特,2022年3月1日入境,12月31日离境,其间三次临时离境,每次20天

B. 汤姆,2022年9月1日入境,次年3月1日离境

C. 海南维,2022年6月1日入境,12月31日离境

D. 麦克,2022年6月1日入境,12月31日离境,其间临时离境25天

17. 根据个人所得税法律制度的规定,下列在中国境内有住所的居民取得的所得,属于综合所得的是( )。

A. 经营所得 B. 劳务报酬所得
C. 利息、股息、红利所得 D. 财产租赁所得

18. 根据个人所得税法律制度的规定,下列各项,应缴纳个人所得税的是( )。

A. 年终加薪 B. 托儿补助费
C. 差旅费津贴 D. 误餐补助

19. 根据个人所得税法律制度的规定,下列所得,属于免税项目的是( )。

A. 提前退休取得的一次性补贴

B. 退休人员从原任职单位取得的补贴

C. 内部退养取得的一次性收入

D. 按国家统一规定发放的退休费

20. 根据个人所得税法律制度的规定,下列各项,应按照"劳务报酬所得"项目计缴个人所得税的是( )。

A. 个人因与用人单位解除劳动关系而取得的一次性补偿收入

B. 退休人员从原任职单位取得的补贴

C. 兼职律师从律师事务所取得的工资性质的所得

D. 证券经纪人从证券公司取得的佣金收入

二、多项选择题

1. 居民纳税人发生的下列情形,应当按照规定向主管税务机关办理个人所得税自行纳税申报的有(   )。

   A. 王某从英国取得所得

   B. 林某月工资2万元,发表文章取得稿酬1万元,专项扣除2万元

   C. 李某从境内两家公司取得工资,年收入额减去专项扣除的余额为8万元

   D. 张某取得财产租赁所得2万元,扣缴义务人未扣缴税款

2. 根据个人所得税法律制度的规定,下列所得,免予缴纳个人所得税的有(   )。

   A. 保险赔款   B. 劳动分红

   C. 国家发行的金融债券利息   D. 军人转业费

3. 根据个人所得税法律制度的规定,下列各项,应缴纳个人所得税的有(   )。

   A. 职工个人以股份形式取得的不拥有所有权的企业量化资产

   B. 职工个人以股份形式取得的拥有所有权的企业量化资产

   C. 职工个人以股份形式取得的拥有所有权的企业量化资产,转让时所获得的收入

   D. 职工个人以股份形式取得的以量化资产参与企业分配而获得的股息

4. 根据个人所得税法律制度的规定,个人通过非营利性的社会团体和国家机关进行的下列公益性捐赠支出,准予在缴纳个人所得税前的所得额中全额扣除的有(   )。

   A. 向贫困地区的捐赠   B. 向农村义务教育的捐赠

   C. 向公益性青少年活动场所的捐赠   D. 向红十字事业的捐赠

5. 根据个人所得税法律制度的规定,下列支出,属于居民个人综合所得中允许扣除的专项附加扣除的有(   )。

   A. 子女学前教育支出   B. 配偶大病医疗支出

   C. 住房租金支出   D. 继续教育支出

6. 下列所得,应按照财产转让所得缴纳个人所得税的有(   )。

   A. 赵某持有的甲公司股权被司法强制过户取得的所得

   B. 钱某终止投资,从被投资方乙企业收回的款项

   C. 孙某转让持有的上市公司股票取得的所得

   D. 李某转让持有的国债取得的所得

7. 根据个人所得税法律制度的规定,下列各项,按照特许权使用费所得缴纳个人所得税的有(   )。

   A. 个人提供专利权的所得   B. 个人提供著作权的所得

   C. 个人出版图书的所得   D. 个人转让专利权的所得

8. 根据个人所得税法律制度的规定,下列关于个人取得所得的表述,正确的有( )。
   A. 个人通过注册登记的个体工商户取得的所得,按经营所得征税
   B. 个体工商户经营所得按月计征
   C. 个人依法取得执照从事办学活动取得的所得,按经营所得计征个人所得税
   D. 境内合伙企业的个人合伙人从事生产经营活动取得的所得,征收企业所得税

9. 根据个人所得税法律制度的规定,下列各项,应按照"工资薪金所得"项目计缴个人所得税的有( )。
   A. 劳动分红
   B. 公务员的家庭成员副食品补贴
   C. 差旅费津贴
   D. 以误餐补助名义发给职工的补助

10. 根据个人所得税法律制度的规定,个人所得税的纳税义务人包括( )。
    A. 个体工商户
    B. 合伙企业合伙人
    C. 有限责任公司
    D. 在中国境内有所得的外籍个人

11. 根据个人所得税法律制度的规定,下列个人所得,不论支付地点是否在境内,均为来源于中国境内所得的有( )。
    A. 转让境内房产取得的所得
    B. 许可专利权在境内使用取得的所得
    C. 因任职在境内提供劳务取得的所得
    D. 将财产出租给承租人在境内使用取得的所得

12. 根据个人所得税法律制度的规定,个人取得的下列收入,应按照"劳务报酬所得"项目计缴个人所得税的有( )。
    A. 某经济学家从非雇佣企业取得的讲学收入
    B. 某职员取得的本单位优秀员工奖金
    C. 某工程师从非雇佣企业取得的咨询收入
    D. 某高校教师从任职学校领取的工资

13. 根据个人所得税法律制度的规定,下列各项,应按照"特许权使用费所得"项目计缴个人所得税的有( )。
    A. 作家公开拍卖自己的小说手稿原件取得的收入
    B. 编剧从电视剧的制作单位取得的剧本使用费收入
    C. 专利权人许可他人使用自己的专利取得的收入
    D. 商标权人许可他人使用自己的商标取得的收入

14. 根据个人所得税法律制度的规定,下列各项,属于专项扣除项目的有( )。
    A. 基本医疗保险
    B. 基本养老保险
    C. 住房公积金
    D. 首套住房贷款利息支出

15. 根据个人所得税法律制度的规定,下列各项,可以作为个人专项附加扣除的有( )。
    A. 子女抚养
    B. 继续教育
    C. 赡养老人
    D. 子女教育

16. 根据个人所得税法律制度的规定，下列各项，应按照"劳务报酬所得"税目计缴个人所得税的有（　　）。

  A. 个人取得特许权的经济赔偿收入

  B. 证券经纪人从证券公司取得的佣金收入

  C. 个人因从事彩票代销业务取得的所得

  D. 个人兼职取得的收入

17. 赵某有A、B、C三套住房，其中A、B两套用于出租，3月共收取租金9 600元，住房A租金4 799元，住房B租金4 801元，同时两套住房分别发生修缮费用900元。下列关于出租A、B住房应缴纳个人所得税的算式，正确的有（　　）。（不考虑个人出租住房应缴纳的其他税费）

  A. 出租A住房应缴纳个人所得税=[(4 799-0-800)-800]×10%=319.9(元)

  B. 出租A住房应缴纳个人所得税=(4 799-0-900)×(1-20%)×10%=311.92(元)

  C. 出租B住房应缴纳个人所得税=(4 801-0-900)×(1-20%)×10%=312.08(元)

  D. 出租B住房应缴纳个人所得税=(4 801-0-800)×(1-20%)×10%=320.08(元)

18. 2023年1月侯某和赵某出席非任职的某公司年会进行相声表演，共取得劳务报酬8 000元，其中侯某分得5 000元、赵某分得3 000元。已知劳务报酬所得每次收入额不超过4 000元的，费用扣除为800元，每次收入额超过4 000元的，费用扣除为20%，应纳税所得额不超过20 000元的，适用税率为20%。下列关于侯某和赵某就该项劳务报酬所得应缴纳个人所得税的算式，正确的有（　　）。

  A. 侯某应缴纳个人所得税=8 000×(1-20%)×20%=1 280(元)

  B. 侯某应缴纳个人所得税=5 000×(1-20%)×20%=800(元)

  C. 赵某应缴纳个人所得税=8 000×(1-20%)×20%=1 280(元)

  D. 赵某应缴纳个人所得税=(3 000-800)×20%=440(元)

19. 根据个人所得税法律制度的规定，下列各项，暂免征收个人所得税的有（　　）。

  A. 赵某转让自用满10年，并且是唯一的家庭生活用房取得的所得500 000元

  B. 在校学生李某因参加勤工俭学活动取得的1个月劳务所得1 000元

  C. 王某取得的储蓄存款利息1 500元

  D. 张某因举报某公司违法行为获得的奖金20 000元

20. 纳税人发生的下列情形，应当按照规定向主管税务机关办理个人所得税自行纳税申报的有（　　）。

  A. 王某从英国取得所得

  B. 林某从出版社取得稿酬所得1万元

  C. 非居民个人汤姆从中国境内两家公司取得工资薪金所得

  D. 张某2022年度内预缴税额低于应纳税额

三、判断题

1. 居民个人取得综合所得,按月计算个人所得税;有扣缴义务人的,由扣缴义务人按月或按次预扣预缴税款。（   ）

2. 出租汽车经营单位对出租车驾驶员采取单车承包或承租方式运营,出租车驾驶员从事客货营运取得的收入,按"劳务报酬所得"项目征税。（   ）

3. 两个或两个以上的个人共同取得同一项目收入的,应视同一人取得收入,减除一定费用计算应纳税额。（   ）

4. 王某在中国移动参与存话费送手机活动,缴费1 000元,获赠三星手机一部,其获得的手机应缴纳个人所得税。（   ）

5. 集体所有制企业职工个人在企业改制过程中,以股份形式取得的仅作为分红依据,不拥有所有权的企业量化资产,应按"利息、股息、红利所得"项目计缴个人所得税。（   ）

6. 利息、股息、红利所得,以每次收入额为应纳税所得额。（   ）

7. 中国居民张某在境外工作,只就来源于中国境外的所得征收个人所得税。（   ）

8. 作者去世后,其财产继承人的遗作稿酬,免征个人所得税。（   ）

9. 个人取得的住房转租收入,应按"财产转让所得"项目征收个人所得税。（   ）

10. 对企业职工,因企业依照《中华人民共和国企业破产法》宣告破产,从破产企业取得的一次性安置费收入,免予征收个人所得税。（   ）

11. 在中国境内有住所,或者无住所而一个纳税年度内在境内居住累计满183天的个人,属于我国个人所得税的居民纳税人。（   ）

12. 职工的误餐补助属于工资薪金性质的补贴收入,应计缴个人所得税。（   ）

13. 个人出版画作取得的所得,应按"劳务报酬所得"项目计缴个人所得税。（   ）

14. 退休人员再任职取得的收入,免征个人所得税。（   ）

15. 个人通过网络收购玩家的虚拟货币,加价后向他人出售取得的收入,不征收个人所得税。（   ）

16. 企业通过价格折扣、折让方式向个人销售商品(产品)和提供服务,不征收个人所得税。（   ）

17. 企业对累计消费达到一定额度的顾客给予额外抽奖机会,个人的获奖所得按照"偶然所得"项目全额缴纳个人所得税。（   ）

18. 我国现行的个人所得税法规定的应税项目有11个。（   ）

19. 非居民个人在中国境内从两处以上取得工资薪金所得的,应当在取得所得的次月30日内申报纳税。（   ）

20. 纳税人取得应税所得,扣缴义务人未扣缴税款的,纳税人应当在取得所得的次年6月30日前,缴纳税款;税务机关通知限期缴纳的,纳税人应当按照期限缴纳税款。（   ）

四、计算题

1. 赵某是我国公民,独生子,单身,在甲公司工作。2022年取得工资收入80 000元;在某大学授课取得收入40 000元;出版著作一部,取得稿酬收入60 000元;转让商标使用权,取得特许权使用费收入20 000元。已知赵某个人缴纳"三险一金"20 000元,赡养老人支出税法规定的扣除金额为24 000元,假设无其他扣除项目。计算赵某2022年应缴纳的个人所得税税额。

2. 北京某公司职员赵某,2023年1月取得工资薪金收入20 000元,个人缴纳的"三险一金"合计4 500元。赵某为独生子,父母现年65岁;育有一子现年5岁,接受学前教育;名下无房,现租房居住。计算赵某2023年1月、2月、7月应缴纳的个人所得税税额。

3. 赵某任职甲公司,2022年每月平均发放工资6 000元,允许扣除的社保等专项扣除费用500元,每月专项附加扣除3 000元;2022年12月取得全年一次性奖金36 000元。计算赵某全年一次性奖金应缴纳的个人所得税税额。

4. 2023年3月,我国居民李某出版一部小说,取得稿酬收入10 000元。计算李某当月稿酬所得应缴纳的个人所得税税额。

5. 2022年,甲公司职员李某全年取得工资薪金收入180 000元。当地规定的社会保险和住房公积金个人缴存比例为:基本养老保险8%,基本医疗保险2%,失业保险0.5%,住房公积金12%。李某缴纳社会保险费核定的缴费工资基数为10 000元。李某正在偿还首套住房贷款及利息;李某为独生女,其独生子正就读大学3年级;李某父母均已年过60岁。李某夫妻约定由李某扣除贷款利息和子女教育费。计算李某2022年应缴纳的个人所得税税额。

五、案例分析题

徐晓才(身份证号:320304198511111111)是A市财经联合技术学院(纳税人识别号:41110105248639821S)的一名人民教师,2023年工资薪酬如下:

(1) 2023年前3个月每月在A市财经联合技术学院取得工资薪金收入13 500元。

(2) 每月缴纳"三险一金"3 105元,其中基本养老保险费1 080元、基本医疗保险费270元、失业保险费135元、住房公积金1 620元。

(3) 每月享受子女教育专项附加扣除1 000元、住房贷款利息专项附加扣除1 000元、继续教育专项附加扣除400元,无其他扣除。

(4) 3月参加学校临时安排的工作,获得临时性工作补助900元(不计入)。

要求:根据以上业务,代扣代缴徐晓才3月个人所得税,填写个人所得税扣缴申报表。

附表一

个人所得税扣缴申报表

税款所属期：　年　月　日至　年　月　日

扣缴义务人名称：

扣缴义务人纳税人识别号（统一社会信用代码）：

金额单位：人民币元（列至角分）

序号	姓名	身份证件类型	身份证件号码	纳税人识别号	是否为非居民个人	所得项目	本月（次）情况													累计情况										税款计算					备注
							收入额计算			减除费用	专项扣除				其他扣除					累计收入额	累计减除费用	累计专项扣除	累计专项附加扣除					累计其他扣除	准予扣除的捐赠额	减按计税比例	应纳税所得额	税率/预扣率	速算扣除数	应纳税额	减免税额	已缴税额	应补/退税额	
							收入	费用	免税收入		基本养老保险费	基本医疗保险费	失业保险费	住房公积金	年金	商业健康保险	税延养老保险	财产原值	允许扣除的税费	其他				子女教育	赡养老人	住房贷款利息	住房租金	继续教育										
1	2	3	4	5	6	7	8	9	10	11	12	13	14	15	16	17	18	19	20	21	22	23	24	25	26	27	28	29	30	31	32	33	34	35	36	37	38	39	40
合计																																							

谨声明：本表是根据国家税收法律法规及相关规定填报的，是真实的、可靠的、完整的。

经办人签字：
经办人身份证件号码：
代理机构签章：
代理机构统一社会信用代码：

扣缴义务人（签章）：
年　月　日

受理人：
受理税务机关（章）：
受理日期：　年　月　日

项目六

其他税种的计算与申报

一、单项选择题

1. 出口货物关税完税价格的计算公式为（   ）。
   A. 离岸价格÷（1+出口关税税率）
   B. 离岸价格÷（1-出口关税税率）
   C. 成交价格÷（1+出口关税税率）
   D. 到岸价格÷（1-出口关税税率）

2. 根据关税法律制度的规定，下列各项，不属于进境物品的纳税义务人的是（   ）。
   A. 个人邮递物品的寄件人
   B. 外贸进出口公司
   C. 携带物品进境的入境人员
   D. 馈赠物品入境的物品所有人

3. 根据关税法律制度的规定，原产于我国境内的进口货物适用的关税税率是（   ）。
   A. 最惠国税率
   B. 协定税率
   C. 特惠税率
   D. 关税配额税率

4. 某企业2023年4月进口一台设备，设备价款60万元，支付运抵我国关境内输入地点起卸前的包装费、运费3万元，除成交价格外另支付卖方佣金1万元。进口关税税率为10%，则下列关于该企业应缴纳进口关税的算式，正确的是（   ）。
   A. 60×10%=6（万元）
   B. （60+3）×10%=6.3（万元）
   C. （60+1）×10%=6.1（万元）
   D. （60+3+1）×10%=6.4（万元）

5. 进出口关税的计税依据为（   ）。
   A. 到岸价
   B. 离岸价
   C. 关税完税价格
   D. 离岸价-出口关税

6. 流动经营等无固定纳税地点的单位和个人，在经营地缴纳两税的，其城市维护建设税的税率按（   ）适用税率执行。
   A. 经营地
   B. 居住地
   C. 一律7%
   D. 一律1%

7. 城市维护建设税由（   ）征收管理。
   A. 国家财政部门
   B. 地方税务局
   C. 地方政府
   D. 国家税务总局

8. 纳税人所在地为市区的,其城市维护建设税的税率为( )。
   A. 7%   B. 5%
   C. 3%   D. 1%

9. 由受托方代扣代缴、代收代缴两税的单位和个人,其代扣代缴、代收代缴的城市维护建设税按( )适用税率执行。
   A. 委托方所在地   B. 受托方所在地
   C. 委托方和受托方两者税率较低的地区   D. 委托方和受托方协商的地区

10. 下列说法,符合教育费附加减免规定的是( )。
    A. 对进口产品征收增值税、消费税的,要征收教育费附加
    B. 由于减免增值税、消费税而发生退税的,不能退还已征收的教育费附加
    C. 对出口产品退还增值税、消费税的,退还已征收的教育费附加
    D. 对出口产品退还增值税、消费税的,不退还已征收的教育费附加

11. 根据印花税法律制度的规定,下列各项,应按"产权转移书据"计征印花税的是( )。
    A. 非专有技术使用权转让所书立的合同   B. 专利申请权转让所书立的合同
    C. 个人出租门店所书立的合同   D. 专利实施许可所书立的合同

12. 下列各项,不属于印花税应税凭证的是( )。
    A. 家庭财产两全保险
    B. 采煤单位和用煤单位间的供应合同
    C. 大型机器设备采购合同
    D. 银行因内部管理需要设置的现金收付登记簿

13. 阳泉食品有限公司2022年11月开业,与菲林公司签订了一份租赁合同,合同载明由阳泉食品有限公司支付的租金为50万元。已知租赁合同的印花税税率为1‰,则阳泉食品有限公司应缴纳的印花税税额为( )。
    A. 500元   B. 515元
    C. 510元   D. 15元

14. 甲公司从乙公司购买一台中央空调,签订买卖合同,则根据印花税法律制度的规定,贴花完税的时间是( )。
    A. 发出空调的当天   B. 合同书立、领受时
    C. 合同约定的付款日期   D. 凭证生效日期

15. 某单位与铁路部门签订的运输合同规定,由铁路部门负责货物运输和保管,收入总额合计100 000元,则该合同适用的印花税税率为( )。
    A. 1‰   B. 5‰
    C. 3‰   D. 0.3‰

16. 根据车船税法律制度的规定,下列各项,属于机动船舶计税依据的是( )。
    A. 净吨位每吨   B. 整备质量每吨
    C. 每米   D. 购置价格

17. 根据车船税法律制度的规定,下列车船,应缴纳车船税的是(　　)。
    A. 商用客车　　　　　　　　　　B. 捕捞渔船
    C. 警用车船　　　　　　　　　　D. 养殖渔船

18. 某船运公司2023年度拥有旧机动船15艘,每艘净吨位750吨,非机动驳船3艘,每艘净吨位150吨;当年8月新购置机动船5艘,每艘净吨位1 500吨,当月取得购买机动船的发票。已知机动船舶净吨位不超过200吨的,每吨3元;净吨位超过200吨但不超过2 000吨的,每吨4元。该船运公司2023年度应缴纳的车船税税额为(　　)。
    A. 61 000元　　　　　　　　　　B. 58 850元
    C. 58 175元　　　　　　　　　　D. 77 000元

19. 车船的所有人或管理人未缴纳车船税的,应当代为缴纳车船税的是(　　)。
    A. 车船所有人　　　　　　　　　B. 车船使用人
    C. 车船承租人　　　　　　　　　D. 税务机关认定的纳税人

20. 甲公司职工孙某已参加职工基本养老保险,月工资为13 000元。已知甲公司所在地职工月平均工资为4 000元,月最低工资标准为2 500元。下列关于甲公司每月应从孙某工资中扣缴基本养老保险费的算式,正确的是(　　)。
    A. 13 000×8% = 1 040(元)　　　B. 4 000×3×8% = 960(元)
    C. 2 500×3×8% = 600(元)　　　D. 4 000×8% = 320(元)

二、多项选择题

1. 进口货物的关税税率形式有(　　)。
    A. 最惠国税率　　　　　　　　　B. 协定税率
    C. 特惠税率　　　　　　　　　　D. 普通税率

2. 下列关于关税减免规定的表述,正确的有(　　)。
    A. 无商业价值的广告样品进口征收关税
    B. 起卸后海关放行前,因不可抗力遭受损坏或损失的,可酌情减免关税
    C. 因故退还的中国出口货物,可以免征进口关税,同时已征收的出口关税可以退还
    D. 关税税额在人民币50元以下的一票货物免征关税

3. 下列各项,属于关税征税对象的有(　　)。
    A. 贸易性商品
    B. 个人邮递物品
    C. 入境旅客随身携带的行李物品
    D. 馈赠物品或以其他方式入境的个人物品

4. 下列各项,属于关税纳税人的有(　　)。
    A. 进口货物的收货人　　　　　　B. 进口货物的代理人
    C. 出口货物的发货人　　　　　　D. 个人邮递物品的发件人

5. 下列各项,应计入进口货物关税完税价格的有( )。
   A. 货物运抵我国关境内输入地点起卸前的运费、保险费
   B. 货物运抵我国关境内输入地点起卸后的运费、保险费
   C. 支付给卖方的佣金
   D. 向境外采购代理人支付的买方佣金

6. 下列纳税人,应缴纳城市维护建设税的有( )。
   A. 增值税的纳税人   B. 消费税的纳税人
   C. 印花税的纳税人   D. 个人所得税的纳税人

7. 下列各项,属于城市维护建设税纳税人的有( )。
   A. 事业单位   B. 私营企业
   C. 社会团体   D. 个体户

8. 下列关于教育费附加的说法,正确的有( )。
   A. 教育费附加以实际缴纳的增值税、消费税为计征依据
   B. 教育费附加是一种附加税
   C. 教育费附加不是一种税,而是一种附加费
   D. 教育费附加是为加快发展地方教育事业、扩大地方教育经费的资金来源而征收的一项专用基金

9. 下列说法,正确的有( )。
   A. 城市维护建设税和教育费附加都不是税
   B. 对进口产品不征收城市维护建设税和教育费附加
   C. 城市维护建设税和教育费附加都随着两税的减免而减免
   D. 对出口产品退还增值税、消费税的,不退还城市维护建设税和教育费附加

10. 城市维护建设税税率为地区差别比例税率,其地区的确定可以是( )。
    A. 纳税人所在地适用税率
    B. 缴纳两税所在地适用税率
    C. 受托方代征代扣两税的,按委托方所在地适用税率
    D. 经营地适用税率

11. 下列各项,需要计征印花税的有( )。
    A. 电网与电网之间签订的销售电合同   B. 铁路承运包裹开具的托运单据
    C. 工商营业执照   D. 作为合同使用的仓单

12. 下列关于印花税的表述,正确的有( )。
    A. 土地使用权出让书据的计税依据为列明的价款,不包括增值税税额
    B. 同一应税凭证由两方或两方以上当事人订立的,应当按照各自涉及的价款或报酬分别计算应纳税额
    C. 技术合同以支付的价款、报酬或使用费为计税依据
    D. 著作权转让书据应按件贴花

13. 印花税的纳税人可以划分为( )。
    A. 立合同人   B. 立据人
    C. 立账簿人   D. 进行证券交易的个人

14. 根据印花税法律制度的规定,下列各项,免征印花税的有( )。
    A. 村民委员会购买农业生产资料
    B. 抢险救灾物资运输结算凭证
    C. 应税凭证的副本
    D. 财产所有人将财产赠给学校所立的书据

15. 下列关于印花税计税依据的说法,不正确的有( )。
    A. 租赁合同,以所租赁财产的金额为计税依据
    B. 运输合同,以所运货物金额和运输费用的合计金额为计税依据
    C. 借款合同,以借款金额为计税依据
    D. 财产保险合同,以保险费为计税依据

16. 根据车船税法律制度的规定,下列纳税主体,属于车船税纳税人的有( )。
    A. 在中国境内拥有并使用船舶的国有企业
    B. 在中国境内拥有并使用车辆的外籍个人
    C. 在中国境内拥有并使用船舶的国内居民
    D. 在中国境内拥有并使用车辆的外国企业

17. 下列各项,属于车船税免税项目的有( )。
    A. 机动驳船   B. 消防车船
    C. 警用车船   D. 捕捞渔船

18. 根据车船税法律制度的规定,下列各项,属于车船税征税范围的有( )。
    A. 挂车   B. 游艇
    C. 两轮摩托车   D. 拖拉机

19. 下列各项,属于车船税纳税人的有( )。
    A. 事业单位   B. 外商投资企业
    C. 私营企业   D. 个人

20. 车船税的计税单位有( )。
    A. 辆   B. 整备质量
    C. 净吨位   D. 艇身长度

三、判断题

1. 在进口货物成交过程中,卖方付给进口人的正常回扣,在计算进口货物完税价格时不得从成交价格中扣除。   ( )
2. 对于从境外采购进口的原产于中国境内的货物,应按规定征收进口关税。   ( )

3. 进出口货物的收发货人或其代理人应当自海关填发税款缴款书之日起15日内(星期日和法定节假日除外),向指定银行缴纳税款。（　）

4. 如果出口货物申报价格明显偏高,而又不能提供合法证据和正当理由,可由海关估价征税。（　）

5. 外国政府、国际组织无偿赠送的物资,依据关税基本法的规定,可实行法定减免。（　）

6. 对进口产品征收增值税、消费税的,不征收教育费附加。（　）

7. 城市维护建设税的纳税义务人是指负有缴纳两税义务的单位和个人。（　）

8. 城市维护建设税的纳税义务人包括外商投资企业和外国企业。（　）

9. 城市维护建设税的纳税义务人包括个体户和事业单位。（　）

10. 对出口产品退还增值税、消费税的,不退还已征收的教育费附加。（　）

11. 财产所有人将财产赠给政府、学校及其他事业单位所立的书据免纳印花税。（　）

12. 借款合同的计税依据为该项借款的借款金额和利息金额。（　）

13. 印花税的纳税义务人是在中国境内书立应税凭证、进行证券交易,以及在中国境外书立在境内使用应税凭证的单位和个人。（　）

14. 签订应税合同的印花税的纳税义务人为合同的一方,即经双方协商由某一方缴纳印花税。（　）

15. 印花税执行"比例税率"的征收方式。（　）

16. 甲公司拥有的依法不需要在车船登记管理部门登记的在单位内部场所行驶的机动车辆,属于车船税的征税范围。（　）

17. 扣缴义务人代收代缴车船税的,纳税地点为扣缴义务人所在地。（　）

18. 购置的新车船,购置当年车船税的应纳税额自纳税义务发生的当月起按年计算。（　）

19. 车船税实行统一的定额税率。（　）

20. 载客汽车和摩托车以辆为计征车船税的计税单位。（　）

四、计算题

1. 2023年9月,甲公司进口一批货物,海关审定的成交价格为1 000万元,货物运抵我国境内输入地点起卸前的运费为95万元,保险费为5万元。已知关税税率为8%。请计算甲公司应缴纳的关税税额。

2. 2023年5月,乙公司从境外进口一批小汽车,共计15辆,每辆货价28万元,另外支付境外起运地至输入地起卸前每辆运费2万元。已知关税税率为20%。请计算乙公司应缴纳的关税税额。

3. 某市区一企业2023年8月实际缴纳增值税30 000元、消费税40 000元。请计算该企业应缴纳的城市维护建设税税额。

4. 某市区一企业2023年5月被查补增值税50 000元、消费税20 000元、所得税30 000元,被加收滞纳金2 000元,被处罚款8 000元。请计算该企业应补缴的城市维护建设税和教育费附加。

5. 甲企业本月签订两份合同:(1) 承揽合同,合同载明材料金额25万元,加工费10万元;(2) 财产保险合同,合同载明被保险财产价值1 500万元,保险费2万元。已知承揽合同的印花税税率为0.3‰,财产保险合同的印花税税率为1‰。请计算甲企业应缴纳的印花税税额。

6. 2023年7月10日,甲公司购买3辆乘用车。已知乘用车发动机气缸容量(排气量)为2.0升,当地规定的车船税年基准税额为480元/辆。请计算甲公司2023年应缴纳的车船税税额。

7. 乙公司2023年拥有机动船舶8艘,每艘净吨位为150吨,非机动驳船6艘,每艘净吨位为80吨,已知机动船舶适用的年基准税额为每吨3元。请计算乙公司2023年应缴纳的车船税税额。

五、案例分析题

1. 李静是天津市喜燕贸易有限公司的报关员,该公司具有进出口经营权,单位编号为91120118686310905F。2023 年 1 月 15 日,从意大利进口一批家用壁挂炉,报关单如下表所示,当日外汇折算率 1 欧元＝人民币 7.6 元,运费按照商品总价占比分配,壁挂炉关税税率为 8%。

要求:根据以上业务计算关税完税价格及应缴纳的关税税额,并填报海关进口关税专用缴款书。

中华人民共和国海关进口货物报关单

预录入编号:850187062　　　　　　　　　　　海关编号:020220200115311616

收发货人: 天津市喜燕贸易有限公司	进口口岸: 新港海关 0202	进口日期: 2023-01-15	申报日期: 2023-01-15
消费使用单位: 天津市喜燕贸易有限公司	运输方式: 水路运输	运输工具名称: BINHAI V.508	提运单号: T1566828
申报单位: 91120118686310905F	监管方式: 一般贸易	征免性质: 一般征税	备案号:
贸易国(地区): 中国(142)	起运国(地区): 意大利(307)	装货港: 威尼斯(2291)	境内目的地: 天津滨海新区(塘 12079)
批准文号:	成交方式: FOB	运费: 人民币 254 500.00	保费: 0.4%	杂费:
合同协议号: XY-2023001	件数: 960	包装种类: 台	毛重(千克): 42 980.82	净重(千克): 32 881.80
集装箱号: ECMU4120280×4(1)	随附单据: 120000112129361000		用途:	
标记唛码及备注: A/0				

项号	商品编码	商品名称、规格型号	数量及单位	原产国(地区)	单价	总价	币制	征免
1	84031010	家用壁挂炉 MAINFOU	350 台	意大利(307)	6 000.00	2 100 000.00	欧元	照章征税
2	84031010	家用壁挂炉 LUNA3	150 台	意大利(307)	10 000.00	1 500 000.00	欧元	照章征税
3	84031010	家用壁挂炉 PRO	360 台	意大利(307)	12 500.00	4 500 000.00	欧元	照章征税
4	84031010	家用壁挂炉 PLUS	60 台	意大利(307)	15 000.00	900 000.00	欧元	照章征税
5	84031010	家用壁挂炉 MAS	40 台	意大利(307)	25 000.00	1 000 000.00	欧元	照章征税

特殊关系确认:	价格影响确认:	支付特许权使用费确认:	
录入员　　　录入单位	兹申明对以上内容承担如实申报、依法纳税之法律责任	海关批注及签章:	
报关人员	申报单位(签章)		

附表一　　　　　　　　　**海关进口关税专用缴款书**

收入系统：　　　　　　　海关系统　　填发日期：　　　　号码 No.

收款单位	收入机关				缴款单位（人）	名称	
	科目		预算级次			账号	
	收款国库					开户银行	

税号	货物名称	数量	单位	完税价格（¥）	税率（%）	税款金额（¥）

金额人民币(大写)			合计(¥)	
申请单位编号		报关单编号	填制单位	收款国库(银行)
合同(批文)号		运输工具(号)		
缴款期限		提/装货单号		
备注			制单人 复核人	

自填发缴款书之日起 15 日内缴纳税款(期末遇星期六、星期日或法定节假日顺延),逾期缴纳按日加收税款总额万分之五的滞纳金。

2. 北京市喜燕啤酒有限公司是增值税一般纳税人,企业经营范围包括:啤酒(熟啤酒、鲜啤酒、特种啤酒)生产(在许可证件有效期限内经营);包装材料制造、加工;啤酒瓶回收;酵母泥批发。2023 年 1 月发生业务如下:

(1) 销售啤酒本月增值税应纳税额为 70 万元,被税务机关查补增值税 30 万元并处以 4 万元罚款。

(2) 销售啤酒本月消费税应纳税额为 120 万元。

要求:根据以上业务计算应缴纳的城市维护建设税和教育费附加,并填报城市维护建设税、教育费附加和地方教育附加申报表。

附表一

增值税及附加税费申报表附列资料（五）
（附加税费情况表）

税（费）款所属时间： 年 月 日至 年 月 日

纳税人名称：（公章） 　　　　　　　　　　　　　　　　　　　　　金额单位：元（列至角分）

税（费）种		计税（费）依据			税（费）率（%）	本期应纳税（费）额	本期减免税（费）额		试点建设培育产教融合型企业		本期已缴税（费）额	本期应补（退）税（费）额
		增值税税额	增值税免抵税额	留抵退税本期扣除额			减免性质代码	减免税（费）额	减免性质代码	本期抵免金额		
		1	2	3	4	5=(1+2-3)×4	6	7	8	9	10	11=5-7-9-10
城市维护建设税	1				7%				—	—		
教育费附加	2				3%							
地方教育附加	3				2%							
合计	4	—	—	—								
本期是否适用试点建设培育产教融合型企业抵免政策					□是 □否	当期新增投资额				5		
						上期留抵可抵免金额				6		
						结转下期可抵免金额				7		
可用于扣除的增值税留抵退税额使用情况						当期新增可用于扣除的留抵退税额				8		
						上期结存可用于扣除的留抵退税额				9		
						结转下期可用于扣除的留抵退税额				10		

附表二

消费税附加税费计算表

金额单位：元（列至角分）

税（费）种	计税（费）依据	税（费）率（%）	本期应纳税（费）额	本期减免税（费）额		本期是否适用增值税小规模纳税人"六税两费"减征政策		本期已缴税（费）额	本期应补（退）税（费）额
	消费税税额			减免性质代码	减免税（费）额	□是 □否			
						减征比例（%）	减征额		
	1	2	3=1×2	4	5	6	7=(3-5)×6	8	9=3-5-7-8
城市维护建设税		7%							
教育费附加		3%							
地方教育附加		2%							
合计	—	—		—		—			

3. 北京市喜燕啤酒有限公司是增值税一般纳税人，企业经营范围包括：啤酒（熟啤酒、鲜啤酒、特种啤酒）生产（在许可证件有效期限内经营）；包装材料制造、加工；啤酒瓶回收；酵母泥批发。2023年1月发生业务如下：

(1) 1月2日,股东认缴注册资本400万元,股东实缴注册资本100万元。

(2) 1月4日,购入房产,交易合同记载房屋金额300万元。取得土地使用证、房屋产权证各1份。

(3) 1月6日,与建设银行签订流动资金周转性借款合同,合同额度为100万元,本月实际借入资金60万元。

(4) 1月10日,签订一份承揽合同,合同载明材料金额25万元,加工费10万元。

印花税采用按月汇缴方式缴纳。

要求:根据以上业务填报印花税税源明细表。

附表一　　　　　　　　　　　印花税税源明细表

纳税人识别号(统一社会信用代码):

纳税人(缴费人)名称:　　　　　　　　　　　　　　　金额单位:人民币元(列至角分)

序号	应税凭证税务编号	应税凭证编号	*应税凭证名称	*申报期限类型	应税凭证数量	*税目	子目	*税款所属期起	*税款所属期止	*应税凭证书立日期	*计税金额	实际结算日期	实际结算金额	*税率	减免性质代码和项目名称	对方书立人信息		
																对方书立人名称	对方书立人纳税人识别号(统一社会信用代码)	对方书立人涉及金额
1																		
2																		
3																		
4																		

4. 北京市喜燕物流有限公司是增值税一般纳税人,经营范围主要是国内快递、普通货运、货物专用运输(集装箱)、大型物件运输、仓储服务。公司的车辆购置明细如下表:

车辆购置明细表

车牌号	车辆识别号	车辆类型	购置使用时间	单位数量	是否代扣代缴
京A80001	LZZAEJND8BC138577	1.8升小轿车	2020年12月	1辆	否
京A80002	LZZAEJND8BC138578	3.0升小轿车	2020年12月	1辆	是
京A80003	LZZAEJND8BC138579	53座客车	2021年12月	1辆	是
京A80004	LZZAEJND8BC138580	9.6米货车	2021年12月	1辆/11.105吨	是
京A80005	LZZAEJND8BC138581	挂车	2021年6月	1辆/9.98吨	是
京A80006	LZZAEJND8BC138582	客货两用车	2021年7月	1辆/3.85吨	是
京A80007	LZZAEJND8BC138583	洒水车	2021年8月	1辆/4.56吨	否
京A80008	LZZAEJND8BC138584	柴油叉车	2021年9月	1辆/4.38吨	是

北京市车船税税目税额如下表:

北京市车船税税目税额表

税目	子目	计税单位	每年税额	备注
乘用车	1.0 升（含）以下的	每辆	270 元	乘用车按发动机气缸容量（排气量）分档；核定载客人数 9 人（含）以下
	1.0 升以上至 1.6 升（含）的		390 元	
	1.6 升以上至 2.0 升（含）的		450 元	
	2.0 升以上至 2.5 升（含）的		900 元	
	2.5 升以上至 3.0 升（含）的		1 800 元	
	3.0 升以上至 4.0 升（含）的		3 000 元	
	4.0 升以上的		4 500 元	
商用车	中型客车	每辆	990 元	核定载客人数 9 人以上且 20 人以下，包括电车
	大型客车		1 140 元	核定载客人数 20 人（含）以上，包括电车
	货车	整备质量每吨	96 元	包括半挂牵引车、三轮汽车和低速载货汽车等
挂车	挂车	整备质量每吨	96 元	按照货车税额的 50% 计算
其他车辆	专用作业车	整备质量每吨	96 元	不包括拖拉机
	轮式专用机械车			

要求：根据以上资料向税务机关申报 2023 年车船税。

附表一　　　　　　　　　　　**车船税税源明细表**

纳税人识别号（统一社会信用代码）：

纳税人名称：　　　　　　　　　　体积单位：升；质量单位：吨；功率单位：千瓦；长度单位：米

车辆税源明细											
序号	车牌号码	*车辆识别代码（车架号）	*车辆类型	车辆品牌	车辆型号	*车辆发票日期或注册登记日期	排(气)量	核定载客	整备质量	*单位税额	减免性质代码和项目名称	纳税义务终止时间
1												
2												
3												

船舶税源明细											
序号	船舶登记号	*船舶识别号	*船舶种类	中文船名	初次登记号码	船籍港	发证日期	取得所有权日期	建成日期	净吨位	主机功率	艇身长度（总长）	*单位税额	减免性质代码和项目名称	纳税义务终止时间
1															
2															
3															

5. 北京熙方电子元件有限公司是增值税一般纳税人,主要从事双极晶体管的制造与销售。公司地址:北京市西城区德胜街道 123 号。税务登记证号:91110115368583358F。社会保险代码:30011836524。北京熙方电子元件有限公司 2023 年部分职工月平均工资如下表:

部分职工月平均工资　　　　　　　　　　　　　　　　　　单位:元

人员编码	姓名	居民身份证号码	性别	月平均工资
1102233133	王立忍	略	男	6 000
1102233134	程芳方	略	女	8 000
1102233135	李明瑞	略	男	5 500
1102233136	徐锦绣	略	女	4 300
1102233137	郭涛	略	男	4 500
1102233138	范林	略	男	7 000
1102233139	范硕	略	男	5 500

要求:根据以上资料完成各社会保险费的计算(包括企业和个人部分),并完成社会保险费申报表的填制。填表时间:2023 年 7 月 6 日;填表期间:2023 年 7 月 1 日—2023 年 7 月 31 日。

附表一　　　　　　　　　　　社会保险费申报表

填表日期			金额单位:人民币元(列至角分)						
社会保险代码			税务登记证号						
缴费人名称			地址						
缴纳方式			电话(或手机)						
序号	批次	征收机关	项目	险种	险种子目	所属期起	所属期止	应纳金额	实缴金额
1	2023070608033190000		企业职工基本养老保险费	职工基本养老保险(单位缴纳)	基本养老保险费收入(北京)				
2	2023070608033190001		失业保险费	失业保险(单位缴纳)	失业保险费收入(北京)				
3	2023070608033190002		基本医疗保险费	职工基本医疗保险(单位缴纳)	基本医疗保险费收入(北京)				
4	2023070608033190003		工伤保险费	工伤保险	工伤保险费收入(北京)				
合计									
缴费人声明		授权人声明			代理人声明				
本社会保险费缴纳表是按照有关规定填写的,我确信是真实的、合法的,如有不实,愿负法律责任。以上费款请从账号划拨。		我单位(公司)现授权为本单位的代理申请人,其法定代表人,电话,任何与申请有关往来文件都可寄与此代理机构。			本社会保险费缴纳表是按照有关规定填写的,我确信是真实的、合法的,如有不实,愿负法律责任。				

续表

法人代表(业主)签字：	委托代理合同号码：	法定代理人签名：
经办人签字：	授权人(法定代表人)签字：	代理人签章：
年 月 日	年 月 日	年 月 日